国内外中学数学教材几何内容比较研究
——比较与借鉴

叶立军　王思凯　著

浙江省"十三五"师范教育创新工程建设项目
"卓越中学数学教师培养模式探索及教学改革的实践研究"
(4085C50518103)成果

科学出版社

北　京

内 容 简 介

数学教材是数学课程实施的重要载体，教材中对知识点的处理与编排为课程的实施与开展提供了方向，促进了课程标准中理念的落实。本书在框架设计、内容安排、呈现方式及陈述方式上均体现了数学课程标准的理念。本书内容反映了数学教材改革的前沿，包括绪论、文献综述与理论基础、研究设计四个案例(即平面几何、立体几何、解析几何、平面向量)的教材比较研究、研究结论与建议。本书定位明确，内容丰富，选材合理，结构严谨，叙述通俗，具有科学性、实用性、时代性、学术性等特点。

本书可作为高等师范院校数学教育专业本科生、研究生使用的教材或参考书，也可作为数学教师培训的参考书，还可供数学教师、教研员、中小学数学爱好者阅读。

图书在版编目（CIP）数据

国内外中学数学教材几何内容比较研究：比较与借鉴／叶立军，王思凯著. —北京：科学出版社，2025.5

　　ISBN 978-7-03-073512-6

　　Ⅰ. ①国… Ⅱ. ①叶… ②王… Ⅲ. ①中学数学课-教材-对比研究 Ⅳ. ①G633.602

中国版本图书馆 CIP 数据核字（2022）第 195418 号

责任编辑：胡海霞　孙翠勤／责任校对：彭珍珍
责任印制：师艳茹／封面设计：蓝正设计

斜 学 出 版 社 出版
北京东黄城根北街 16 号
邮政编码：100717
http://www.sciencep.com

北京九州迅驰传媒文化有限公司印刷
科学出版社发行　各地新华书店经销

*

2025 年 5 月第 一 版　开本：720×1000　1/16
2025 年 5 月第一次印刷　印张：13 3/4
字数：277 000
定价：79.00 元
（如有印装质量问题，我社负责调换）

前　　言

　　教材作为依据课程标准和学生认知结构编写的教学用书，在中小学教学中起着非常重要的作用。它是课程目标和教学内容的具体体现，是教师和学生开展教学活动的主要工具，是一个国家教育思想和教育理念的重要依托，且在一定程度上决定了学生的学习机会和学业成就。几个重大的数学教育国际比较研究都表明，一个国家的课程和教材对学生的学习和成就有重大的影响，为此，国际比较领域提出了"学习机会"的概念。研究显示，"学习机会"是影响学生数学成就的一个主要因素，而课程的设计与教材的编写又是影响学生"学习机会"的一个重要因素。也正因为如此，一些学者呼吁"教材事关重大"。

　　要了解一个国家教育改革的理念和实质，研究教材是很好的切入点和突破口。国际数学教育比较研究都将数学课程与教材作为核心研究内容。伴随着世界各国中学课程改革浪潮的推进，各国教材也在发生着深刻的变革。数学学科是各国中小学课程中最具有一致性的学科之一，但各国的数学教材却存在着较大的差异。

　　2010 年，华东师范大学组织申报的国家社会科学基金"十一五"规划 2010年度教育部重点课题"主要国家高中数学教材比较"(ADA100009)获得立项，课题分为 10 个子项目，其中，笔者负责子课题"主要国家高中几何教学内容的组织和呈现方式的比较研究"。自立项以来，课题组开展了卓有成效的研究，取得了丰硕成果，先后公开发表 20 多篇论文，其中 6 篇论文被"中国人民大学复印报刊资料"全文转载。

　　众所周知，几何学是数学的一个重要组成部分。在数学教学中，几何课程也是数学基础教育的重要组成部分。由于几何是数学中最早建立演绎公理化体系的分支，也是最早的数学教育内容，因此，在数学教育发展的各个不同历史时期，几何课程都成为改革的关注点。同时，几何课程学习，无论是对于今后的专业发展，还是对于个体数学思维的发展，都十分重要。

　　本子课题的研究意义，从理论意义上来说包括：① 比较各国几何教学内容，分析、研究适合中学生认知水平的几何内容，为我国中学几何教学内容的编写提供理论依据；② 分析、比较各国教材几何内容的整体呈现方式，为我国中学几何教学内容的编写提供理论依据；③ 为我国对教材的评价提供理论依据。从应用价值上来说，比较各国几何教学内容的知识点以及各知识点(如教材概念、例题、公理、定理等)的呈现方式，不仅可以为一线教师选择优秀的几何教学方法提供依据，也为中学生学习几何提供一定的帮助。

本书研究的教材涉及的主要国家为：中国、美国、日本、英国、新加坡、德国、俄罗斯、澳大利亚、法国。本书的主要目的在于，了解这些国家中学几何内容编写的特点及发展趋势；在此基础上与我国几何教材进行全面的比较，认识其共通之处，了解其差异；对于我国中学几何内容与其他国家的几何内容的差异作出恰当的判断，以便深入思考我国几何教学内容的改革、改进与发展的方向。

本书共 8 章。第 1 章主要阐述教材国际比较研究的背景和意义；第 2 章针对国内外研究的现状进行文献梳理，理清国内外教材比较的基本现状；第 3 章从研究对象的选择、研究方法、研究框架等方面进行研究设计；第 4 章到第 7 章分别从平面几何、立体几何、解析几何、平面向量等四个方面对上述各国主要几何教材进行比较研究，得出相关结论。第 8 章在前面 7 章的基础上给出相关建议。

本书中研究的主要载体是教材文本，主要从文本比较中获取有关信息，并通过数据分析得出相应结论，因此，研究中坚持定性研究和定量研究相结合的方法，主要采用文献分析、对比分析、相关分析、编码分析、定量数据的统计分析等方法。为直观呈现各国教材编写特色，书中附有一些教材中的原图，读者扫描图旁边的二维码可查看相应的中文翻译。

在本书编写过程中，杭州师范大学数学学院部分研究生、本科生参与了课题的研究、论文撰写等活动，他们是斯海霞、王晓楠、程翠婷、王娇娇、陈思思、陈亚楠、傅建奇、张钰、何羽茜等，王思凯、高敏仔细地审读了书稿，并对书稿进行了润色，在此深表感谢。也感谢科学出版社的编辑为本书付出的辛勤劳动。

本书在编撰的过程中，参考和借鉴了许多专家学者的著作和研究成果，在此表示衷心的感谢。

由于学识有限，书中难免有不当之处，恳请读者批评指正。

叶立军

于杭州西子湖畔

2024 年 6 月

目　　录

第1章 绪 论

1.1 研 究 背 景

百年大计，教育为本。党中央、国务院始终将教育事业的发展作为国家重要战略不断推进。随着中国特色社会主义进入新时代，教育事业的基础性、先导性和全局性的地位与作用越发凸显。强国必先强教，作为我国第一个以教育现代化为主题的中长期战略规划，《中国教育现代化 2035》的印发，进一步提升了教育在国家发展中的战略性地位，强调推动新时代教育高水平高质量的普及，发展中国特色世界先进水平的优质教育。党的二十大报告指出要"加快建设教育强国"，明确提出"办好人民满意的教育"。

科教兴国战略实施以来，教育已成为全社会关注的焦点话题(沈春辉，2012)。21 世纪是科技革命的时代，在前所未有的机遇与挑战下，新时代的竞争归根结底体现为人才的竞争，而人才培养又依赖于教育的发展，而教育的目标、价值主要通过课程来体现和实施，因此，课程改革是教育改革的重中之重(高令乐，2007)。随着全球化进程的加快，各个国家为适应社会大发展的需要，纷纷加强人才的教育培养，从基础教育起开展大范围的教育改革，同时为促进课程改革的顺利进行，各国积极组织国际教育比较研究，给改革灌输新动力。

作为中学教育的核心课程，数学课程是锻炼学生思维形式的重要学科，对中学教育的发展发挥着重要的作用。国际数学与科学趋势研究(Trends in International Mathematics and Science Study，TIMSS)、国际学生评估项目(Program for International Student Assessment，PISA)与国家教育进展评估项目(National Assessment of Educational Progress，NAEP)等国际测试，都包含数学素养的考查内容，数学教育在中学教育中至关重要。20 世纪以来，数学课程的发展逐渐完善成熟，各国数学课程均形成了鲜明的特色。从国际测试的结果可以看出，不同国家之间学生的数学成绩存在显著差异。通过国际数学教育比较探索差异的主要因素，以促进数学课程的发展，是新时代教育改革的趋势与必然要求。

中学数学课程教育为实现"课程现代化"，兼顾升学与核心素养的培养，对课程进行了多次探索改革。21 世纪以来，我国先后印发了多版数学课程标准，为我国中学数学课程的改革照亮了前行之路。以课程标准为纲领，我国各地均开始重新探索数学课程的改革，其中教材的编写与修订最为突出。

教材作为依据课程标准和学生认知结构编写的教学用书，集中体现了国家的教育思想和教育观念，在中小学教学中起着非常重要的作用。它是一个国家教育思想和教育理念的重要依托，是课程目标和教学内容的具体体现，是学校组织学生活动的最主要的依据，是教师和学生开展教学活动的主要工具(叶立军等，2012)，并在一定程度上制约着学校教育的活动方式，影响学生的身心发展，决定学生的学习机会和学业成就。

"他山之石，可以攻玉。"近年来，世界上许多国家无论是反思本国教育的弊病，还是对教育提出新的目标和要求，都是从课程教材改革入手，通过改革，调整人才培养目标，改变人才培养模式，提高人才培养质量，把基础教育课程教材改革作为增强国力，继续提高国际竞争实力的战略措施并加以推行(胡莉莉，2008)。

作为学科知识呈现的载体以及课程改革的关键，教材是实现课程目标、发展学生核心素养的重要教学资源。通过比较各国教材的内容及编排，借鉴和吸取不同国家教材中的可取之处，可以为我国的数学教材编制提供有意义的参考。同时，通过教材比较这一面镜子，不仅可以了解其他国家的教材，也能更好地了解本国教材，继续发扬自身的优势，弥补自身的不足之处，不断完善我国的数学教材(沈春辉，2012)。

因此，分析课程(教材)的改革对教育改革来说具有重要意义。国际数学教育比较研究均将数学课程与教材作为核心内容，TIMSS 的研究者罗比塔耶(Robitaille)曾经说过，数学教材在教师的教和学生的学上，都有着不可替代的作用。了解各国教材如何呈现数学内容和方法，将成为一个重要的研究方向。而随着世界各国中学课程改革浪潮的推进，各国的教材也在发生着深刻的变革。

数学是一门研究现实世界的空间形式与数量关系的科学。几何学作为它的一个分支，反映了现实世界的空间形式，且是一种理解、描述和联系现实空间的工具，能为各种水平的创造活动提供丰富的素材，是人们认识客观世界的有效武器。同时作为数学中最早建立演绎公理化体系的分支，几何学也是最早的数学教育内容，在数学中处于较为重要的地位。同其他学科一样，几何也是源于生活实践，是人们为了自身的生存和发展，在与自然界长期斗争中发展起来的，是人类对于现实生活空间的直接反映，并被用来指导人们的生产和生活实践(任芬芳，2012)，被广泛应用于生活的各个方面。

从教育方面看，几何课程作为数学基础教育的重要组成部分之一，它所培养的空间能力对其他生产、生活领域产生很大影响，而其本身又是一套相对独立的智力体系，在提高人的科学素质和基本能力，促进科学思考、直观判断、表达并操作信息等方面起着举足轻重的作用(李士锜，2001)。几何课程的学习，有助于学生形成科学世界观和理性精神，培养学生良好的思维习惯，发展学生演绎推理和逻辑思维能力(鲍建生，2000)。因此，世界各国在数学课程改革的过程中，都十分注重几何课程的改革。在数学教育发展的各个不同的历史时期，也多次围绕欧氏几何及其处理方式展开激烈的争论，并进行几何课程改革的尝试，而这些争论、变化都被具体地反映在各国中学几何教科书中(梁竹，2010)。

正是因为几何课程的重要性，几何课程成为数学教育改革的关注点，而作为公民基础教育的重要阶段，中学的几何课程学习无论是对学生今后的专业发展，还是对个体数学思维的发展都十分重要。

21 世纪初，我国进行了新一轮基础教育课程改革，在这次改革中，《全日制义务教育数学课程标准(实验稿)》对第三学段的几何部分做了大幅的变革，改革几何体系，不再从整体上维持平面几何的公理化演绎体系，而是遵循由直观感知到操作确认，再由思辨论证到度量计算，扩充几何中的公理，削减烦琐的证明，增加空间几何的内容并重视实际运用和生活背景知识，还以"空间与图形"冠名等等(梁竹，2010)，之后的《义务教育数学课程标准(2011 年版)》同样重视几何内容的教学。

高中数学作为中学数学学习的最后阶段，应当为课程的顺利实施提供保证，应当有利于调动教师的积极性，让他们创造性地进行教学，应当有利于改进学生的学习方式，促进他们主动学习和发展(高令乐，2007)。在高中数学的学习过程中，几何课程的学习对于学生提升数学思维、空间想象、几何直观等能力都具有十分重要的作用，因此我国高中数学的教学内容及其呈现方式在新一轮高中数学课程改革中同样发生了很大的变化，这也引发了学者们对高中数学教材研究的热潮，很多一线教师、专家、研究生参与其中。

正是在这样的教育大背景，以及我国新一轮课程改革对中学几何内容做了较大幅度改编的形势下，我们需要对美国、日本、俄罗斯、英国、法国、德国、新加坡、澳大利亚等国家的中学数学教材中的几何教学内容及其呈现方式进行比较研究。通过研究，了解这些国家中学数学教材中几何内容编写的特点及发展趋势；在此基础上与我国几何教材进行全面的比较，认识其共通之处，了解其差异；并由此对我国中学数学教材中的几何内容与其他各国几何内容的差异作出恰当的判断，分析、研究适合中学生认知水平的几何内容，以便深入思考我国几何教学内容的改革、改进与发展的方向，为我国中学数学几何教学内容的编写提供理论依据。

1.2　研　究　意　义

教材是知识的载体，知识能否有效地被接受和吸收，与教材息息相关。国内外已有不少教育研究者对教材展开研究，并且许多研究者认为通过教材比较不仅可以反映各国课程设置的异同，同时也能在很大程度上解释不同国家或地区的学生在国际测评项目中数学成绩的差异。美国比较教育学家贝雷迪(Bereday)曾说过,从认识别人而得到自我认识,是比较教育所能提供的最有价值的教育。对同一时期不同国家的教材进行比较,对促进我国数学课程改革有建设性的帮助。

数学教育国际比较的意义在于收集、整理、分析各国的数据和资料,发现各国的数学教育现状以及存在的差异,从而发现自身不足,并加以反思、改善。教材比较研究虽然是众多比较研究中的冰山一角,但仍有其现实意义。数学教材是数学课程实施的重要载体,教材中对知识点的处理与编排为课程的实施与开展提供了指引方向,促进了课程标准中理念的落实。新课程改革以来,教材的编写与改革始终处于重要位置,尤其在 TIMSS 组织的数学教材比较分析后,国际教育界对数学教材改进数学教育的作用越发给予重视。教材比较活动在国内外火热进行,比较的内容更是渗透到中小学教材的方方面面。通过比较研究,可以为一线教师在实际教学中提供更符合学生认知体系的教学新思路,也能为中学生在几何课程的学习上提供一定的帮助。

第 2 章　文献综述与理论基础

2.1　教材比较研究现状

已有一些教育学者对数学教材或教材中的某一内容进行了研究分析。纵观这些研究，可以发现中学数学教材的比较研究主要分为两大类——横向比较研究和纵向比较研究。其中，横向比较研究主要分为国内不同版本教材的比较研究和中外教材的比较研究；纵向比较研究是对国内同一版本新旧教材的比较研究，例如基于新一轮课程改革中几何部分的较大变动，许多学者开始关注我国新旧教材几何内容的比较研究。

中外教材比较主要是对不同国家相同年级段的教材内容的比较，包括教材编排特点、例题和习题、知识广度、知识深度等方面的比较。

国际上中外教材比较研究影响最大的当属 TIMSS。1994 年，TIMSS 采用文献研究方法对近 50 个国家的上千套教材和课程材料进行数据分析，其中，通过对欧洲 6 个国家、日本和美国的八年级数学教材进行分析比较，探讨如何实现数学知识的应用等问题，并提出数学要和其他学科相结合的观点(Howson，1995)，这是历史上第一次如此大规模地将教材作为重点研究对象。

在 TIMSS 的研究之后，许多研究者借鉴其研究方法，开始对教材进行比较研究。

Li(2000)从整体和具体两个角度研究中国、美国和新加坡初中各年级教材中的问题解决过程是如何呈现的，分析其问题解决表征的异同。

徐彦辉(2001)从直观性的角度对中国和美国教材如何呈现几何内容进行了比较研究。

鲍建生(2002)从运算、推理、知识含量、探究、背景这五个角度，运用数学题综合难度的五边形模型比较了中英初中数学课程的综合难度。

高令乐(2007)对我国的人民教育出版社出版的《普通高中课程标准实验教科书·数学(A 版)》和美国天才教育数学教材的表层结构和深层结构进行比较。表层结构包含教材栏目、图表、习题；深层结构包含知识与技能、过程与方法、情感态度价值观要素，由此发现两版教材栏目丰富，均设置多样化的图标，并注重数形结合，但是在习题的题量、题型、素材等方面有差异。

但是近几年，学者们研究最多的是分析知识本身的编排特点，通常以某一块数学知识内容为载体，以小见大，得到教材的编排结构以及呈现特点。例如，唐恒钧和张维忠(2005)根据荷兰教育家范希尔夫妇(Pierre van Hiele & Dina van Hiele)的理论提出几个思维发展水平，对中美两国初中几何教材中的"相似"内容进行比较研究。张维忠和李芳奇(2009)以"一元二次方程"内容为载体，对中国浙教版、新加坡《新数学》(New Mathematics Counts)中的第二版第 3 册教科书的单元结构设置和知识点处理进行比较。

就几何内容比较研究而言，唐恒钧和张维忠(2005)从几何课程理念、几何内容选择及几何课程实施三方面对中美中小学几何进行比较，发现两国几何课程的理念相近。张维忠(2005)对美国《发现几何》、华东师大版初中数学教材"相似"内容进行比较，两国均以直观几何作为几何学习的开端，但美国教材包含更深更广的内容。李淑文(2006)对中日两国初中几何课程的难度进行比较研究，发现日本几何课程的知识点最少，但日本几何课程深度大于我国新几何课程的深度，小于我国旧几何课程的深度，而中日两国的习题难度相当，继而进一步分析中日两国几何课程难度差异的影响。袁爱洪(2007)对人教版、北师大版、湘教版、俄罗斯《直观几何》、美国芝加哥大学数学项目 (The University of Chicago School Mathematics Project)《几何》教材进行比较。

2.2　教材比较框架研究现状

国内对教材的比较研究已经形成一些代表性的研究团队，各团队都探索出具有代表性的研究框架与模型，以对各个国家不同版本的教材进行比较，为教材编写与课堂教学提供建议。教材比较主要分为三类：一是不同版本教材中某一模块的特定知识的对比；二是教材设计或编写的某一环节的比较，例如对引入环节的比较，数学探究的比较等；三是教材难度与文化等特定因素的比较。

2.2.1　教材知识比较框架

张笑谦和胡典顺(2013a，2013b)从知识设置的顺序、知识涵盖的范围、知识的处理方式(概念引入方式、知识讲解、例题和习题设置)三个维度对中澳高中数学平面向量章节、函数与映射章节进行比较研究。朱少卿等(2014)从知识结构、知识处理方式(概念呈现方式、探究性知识处理方式)、素材处理方式与习题设置等四个方面对中美高中三角函数内容展开比较。这四个方面与前一个模型的三个方面基本吻合，但由于内容的特殊性，增加了素材处理方式，也是对前一个模型的一种改进。

笔者的教材比较研究也有统一的宏观和微观结构模型。首先是整体比较，从前后几个章节的编排顺序比较知识处理的差异。其次是具体比较，包含宏观和微观两个方面。宏观比较的前提是以选取的知识点为中心，将教材知识纵向展开，并找出与此相关的内容，对这些相关知识点进行赋值并排序；微观比较的前提是根据知识的思维水平、知识的呈现方式、知识的背景、例题和习题的综合难度这四个维度进行二级指标赋值。

教材比较的模型并非一成不变，而是根据不同的比较内容，不同的研究目标与问题有所侧重，其中具体比较是教材比较的核心。朱雪芳和叶立军(2014)首先从知识内容的数量(知识内容所占的页码数量)、内容的编排对中澳高中微积分内容进行具体比较，然后对中澳两国教科书的难度值进行对比。叶立军和陈思思(2015)对中俄两国高中数学教材的椭圆、双曲线与抛物线内容进行比较，首先从知识编排顺序进行微观比较，然后对知识目标水平进行比较，最后对知识呈现方式(导入、体验、证明、表征、应用)进行比较。叶立军和傅建奇(2017)运用较成熟的比较框架，以"全等三角形"为例，对中美两国的初中几何教材内容进行比较。为全面把握教材特点，先从背景信息、设计特征(版面设计、体例结构)、章节编排顺序进行宏观比较，为进一步得出教材的特点与差异，从知识的呈现方式(导入、体验、表征、讲解、应用和拓展)、知识的背景(生活、文化、科学和数学)与例题和习题的综合难度进行微观比较。

丁锐和 Xin(2016)构建了主要包含编写依据、主题、内容设计、组织结构与核心概念等五个方面的框架，对中美两国小学数学教材进行比较研究。研究表明，人教版更注重对分数意义的理解，而不是介绍各种基本模型，其内容设置由易到难，前后知识的逻辑性较强。美国教材虽然重视规律概念的严密性与完整性，但是较少带领学生进行实践探究。

吴立宝(2016)在对各国初中数学代数内容进行比较的过程中，分别从知识的广度、知识的呈现方式、例题与习题四个方面展开研究。知识广度是指知识主题中包含的知识点数量的多少；呈现方式可具体划分成直观描述、类比归纳与演绎等三个由浅入深的层次；例题与习题的比较从数量、类型、开放性与难度四个方面展开。

王建磐和章建跃对高中数学教材内容的分析框架也分为宏观与微观两个角度，宏观角度包括教材的外观特征、章节信息、章节内容与编排顺序等方面；微观角度包括知识点(章节单元)、定义原理的建立与理解、范例与小结、问题的类型、问题认知水平，其中后两者反映的是对学生的期望水平。

2.2.2　教材环节比较框架

1. 问题提出模块

胡典顺等(2016)从问题总数与问题提出数量、问题提出的种类、问题提出所

处的知识范围、含特殊要求的问题提出的分布四个方面对中美小学数学教科书中
的问题提出情况进行对比。严卿和胡典顺(2016)对中日初中教材中的问题提出进
行了更加具体与清晰的量化与质性比较。量化研究与上述模型的前两个方面保持
一致,但问题类型的界定略为不同,分别是猜想型、追问型、运算给定型、补充
型、数学活动型;质性研究主要针对具体问题的设置,包括问题提出的专题安排、
问题提出的现实生活材料体现、问题提出的表现形式等三个方面。两篇文章中的
框架大体一致,量化研究模型保持一致,质性研究模型呈现差异,对质性研究模
型的优化方案还在设计并改进中。

2. 数学探究模块

叶珂和胡典顺(2017)从探究内容的数量与篇幅、内容的主题、内容的位置与
功能、内容的问题表达、内容的活动与组织形式五个方面,对中美初中数学图形
与几何内容的探究部分进行比较剖析。

斯海霞和徐斌艳(2013)从宏观与微观两个角度对探究内容进行比较,其中宏
观比较是从探究内容的总数与组织编排方式两个方面进行分析;微观比较是从情
境的表述、问题的描述、活动的组织形式、活动的类型与上下文的关系等五个方
面进行分析。

3. 例题和习题模块

林丹和胡典顺(2015)从类型、呈现方式、数量、认知水平、难度五个方面对
中美高中教材平面向量章节的习题进行比较。其中,认知水平由低到高分为操作
性记忆认知水平、概念性认知水平、说明性认知水平、探究性理解认知水平四种;
习题综合难度比较则根据习题中的探究因素、背景因素、运算因素、推理因素、
知识含量因素等进行分析。

2.2.3 教材特点比较框架

1. 文化体现

沈春辉等(2013)选取文化视角比较教材所体现的数学文化,将数学文化归纳
为数学史、数学与生活、数学与科技、数学与人文艺术四方面。其中,数学史的
应用方式分为点缀式、复制式、附加式、重构式与顺应式五种;后三种数学文化
的运用方式分为外在型与内在型两种,内在型又进一步划分为可分离型与不可分
离型。在统计有关知识文化内容的整体分布后,对数学文化的应用程度进行分类,
以量化的形式进行进一步研究。

2. 教材难度

鲍建生(2002)构建了"背景—运算—探究—推理—知识含量"五因素难度模型。其后胡莉莉(2008)、张维忠和黄丽虹(2009)等以此为基础,确定更具科学性的习题难度分析标准,为国际比较中的习题比较提供框架参考。王建磐和鲍建生(2014)重新修订难度因素与水平,将难度因素确定为背景特征、数学认知特征、运算特征、推理特征与知识综合特征五个,并对每个因素给予水平 1—4 的具体划分。

曹一鸣和吴立宝(2015)在研究中选取"知识广度—知识深度—例题难度—习题难度"四维度难度模型。其中,知识广度指每个知识主题包含的知识点个数;知识深度从概念和定理的呈现方式两方面进行分析,呈现方式又分成直观描述、类比归纳和演绎三种;例题与习题的难度分别从例题与习题所处的目标水平、知识点个数、背景水平三方面进行分析。

史宁中等(2015)在改进 2005 年创设的难度模型基础上比较中英两版①教材的函数内容。在量化研究前,将知识内容以"知识团"为单位,从广度、深度与包含的习题难度等因素分析。其后应用此模型对包括中、美、日、新、法在内的十个国家的高中数学教材进行比较,得出中国高中数学教材的难度偏大,其余九个国家的教材呈现出"学材特征凸显,习题体系系统严密,注重信息技术的工具价值"等编写特色与普遍趋势。

2.3　中学教材几何内容比较研究现状

2.3.1　教材几何内容国际比较

从国际教材比较来看,中学数学是各国中学课程中相对比较统一的一门学科,但几何课程却是中学数学中最不统一的一部分。由国际教育成就评价协会(International Association for the Evaluation of Educational Achievement,IEA)发起的第二次国际数学调查表明:各国的代数和算术课程是基本统一的,但几何教学内容却有很大差别。大多数国家的几何课程只涉及平面几何的基础知识和坐标的简单应用,只有部分国家还在介绍诸如全等和相似等内容的欧氏几何的传统课题,立体几何则强调得更少了(张彦蕊等,2005)。因此,对各国数学教材的几何内容做比较研究更具一定的理论价值。

梁竹(2010)以中国人教版、新加坡《数学》两套初中数学教材为例,采用概念图工具、Flesch 表和数学题综合难度模型,从知识广度、深度、关联度、内

---

① 本书中的两版教材指的是两种教材,余同。

容的编排和呈现、证明题的难度六个维度比较分析两版教材的平面几何内容。

尽管已有一些学者在关注中外教材几何部分的比较研究，但是相对而言，这一领域还是比较薄弱的，尤其是高中学段几何内容的国际比较研究。

2.3.2　教材几何内容国内比较

除了关注中外教材几何内容的国际比较，还有一些学者对国内不同版本或不同地区的几何教材内容进行比较研究。比如芦淑坤(2006)从课程容量、编写体例、素材选取、呈现风格、与信息技术整合，以及与空间和图形领域的其他课程内容的整合的六个维度来分析人教版、华东师大版和北师大版教材中图形与变换课程内容的呈现特点与呈现规律。

此外，由于我国新一轮高中课程改革中的几何部分变动较大，不少学者对人教版新旧教材中的几何部分进行了比较分析。姜洋(2008)从教学目标、课程内容、编写体例、课程难度、例题等角度对新旧教材立体几何部分进行比较分析，发现新教材内容呈现活泼，在大量实例中引导学生体会概念、公理、定理的本质、设置大量思考内容。孙爽(2010)通过调查法、访谈法、统计法等研究方法对新旧教材的立体几何部分从编写理念、内容增减、课时要求、章节结构安排、教材图形、素材、例题和习题等方面进行分析，提出如何利用新教材进行高中数学教学的相关建议。

2.4　小　　结

在一些诸如"主要国家高中数学教材比较研究"等课题的引领下，许多学者开始关注教材比较研究。分析现有的中外数学教材比较的相关文献，我们发现，尽管这些研究没有统一的方法和模式，但大致可分为以下六个方面：

(1) 知识内容的广度、深度；

(2) 教材编写的结构以及知识的编排顺序和特点；

(3) 教材的栏目设置、图标设置；

(4) 知识内容的呈现方式；

(5) 例题、习题的设置以及难度比较；

(6) 教材对学生的学习要求。

在研究方法上，受 TIMSS 的影响，由定性研究偏向定量研究；由纯文本研究转向利用绘图软件、统计软件等工具分析教材内容，使得研究结果有了一定的客观事实的支撑。

第 3 章 研 究 设 计

3.1 研 究 问 题

分析现有教材评估与比较研究的丰富成果，并围绕以下三个问题对各国教材几何内容进行研究：

(1) 所选择的各国数学教材中，几何内容的选择有什么异同之处，以及这些内容是如何组织的；

(2) 所选择的各国数学教材中，几何知识是如何呈现的，具体包括知识如何导入、如何体验、如何讲解等；

(3) 所选择的各国数学教材中，几何知识对学生提出了怎样的学习目标。

基于上述三个问题，探求各国对几何教学内容编写的内在规律、理论依据以及实际依据，总结各个国家几何教学内容编写的特点和异同，以便为我国教材几何教学内容的编写提供借鉴与参考。

3.2 研究对象的确定

一般来说，教材和教科书是不同的概念，教材往往还包括其他教辅材料，如练习册、教师用书等，但是由于我们只考察各国的数学教科书，因此本研究将教材的含义限定为数学教学中使用的教科书。

美国的数学教育改革经历了一个曲折艰难的探索过程，其间伴随着失败的沮丧和成功的喜悦。当前，我国数学教育改革正如火如荼地进行着，如何有效借鉴美国的成功经验、吸取其失败的教训显得十分重要。由美国普伦蒂斯·霍尔出版社(Prentice Hall Press)出版的《几何数学》(*Mathematics Geometry*)、《代数 2》(*Algebra* 2)以及麦格劳-希尔集团(The McGraw-Hill Companies)出版的《几何数学》(*Mathematics Geometry*)、《加州数学：概念、技能和问题解决》(*California Mathematics：Concepts, Skills and Problem Solving*) 近年来一直被广泛使用，影响甚广。

由于 TIMSS 和 PISA 的实施，德国正在经历一场大规模的课程改革，从小学到高中，从普通教育领域到职业教育领域(徐斌艳，2002)。德国的这次课程改革经历了一个曲折艰难的探索过程，一种新的课程理念以及新的各个学科的课程标准正在形成。由德国恩斯特·科莱特出版社(Ernst Klett Verlag)出版的巴伐利亚州

《几何学 10》(*Geometrie Bayern* 10)、《解析几何基础课程》(*Analytische Geometrie Grundkurs*)在德国被普遍使用。

众所周知，法国是数学强国，在目前 60 位菲尔兹奖(截至 2018 年)获得者中，有 12 位来自法国。这样的数学成就不仅得益于法国的历史沉淀，也得益于其教育部门对数学教育的重视。法国的学校，无论是重点院校，还是普通大学，抑或是高等专科学校的预备班，都能提供优质的数学教育。在世界各国的数学教材中，法国教材因其独有的文化特色、科技意识、内容的现代化以及独特的内容编排而备受关注。蔡元培先生也认为在世界各国中，法国文化与中国最相契合。因此，对中法两国的数学教材进行比较，分析两国教材不同的风格、层次及特色，显得尤为重要。目前法国中学使用的数学教材有多套，由法国贝林(Belin)出版社出版的《数学》(*Math*)是法国数学课程改革后使用比较广泛，且具有很好代表性的一套新课程教材。

英国在数学发展的历史上曾涌现出一大批优秀的数学家，诸如泰勒(Taylor)、麦克劳林(Maclaurin)等。在数学教育改革史上，英国学习并借鉴其他国家的实践经验，总结出自身数学教育上的优势和特点。由英国剑桥大学出版社(Cambridge University Press)出版的《数学核心与扩展教材》(*Mathematics Core and Extended Coursebook*)既包含初中数学知识，也包含部分高中数学知识，是英国学生完成第一阶段中等教育后，参加会考(相当于中国初中毕业考试)所使用的教材，一般也是中国初中生参加国际学校入学考试时所使用的参考书。

在当代世界各国中，俄罗斯的教育事业应该说是较为发达的，至今已取得了辉煌成绩，形成了独具特色的教育体系，其中，课程改革一直是俄罗斯基础教育改革的一个重点。目前，俄罗斯发行量最大的数学教材是莫斯科教育出版社 (Москва Просвещение Мздательство)出版的由阿塔纳相(Л. С. Атанасян)等主编的《10—11 年级几何》(*Геометрия 10—11 классы*)，被冠名为"中小学'莫斯科大学'"教材。这是一套两用教材，既适合普通学校学生使用，也适合深入学习数学的班级或学校使用，曾在俄罗斯教育部开展的编写中学数学教材的竞赛活动中获得一等奖。

澳大利亚是世界上典型的移民国家，其国民构成的多民族形态，既促使了文化发展的多元化，同时也催生了多元化的教育。澳大利亚政府积极地参与管理，进一步提高其教育的水准，使其达到世界一流水平(王丹，2011)。由澳大利亚 IBID 出版社(International Baccalaureate in Detail Press，简称为 IBID Press)出版的《高等数学(核心)》(*Mathematics Higher Level(Core)*)被其国内和国际中学广泛使用。

另外，日本、新加坡作为亚洲教育强国，其学生在有影响力的国际数学测试中表现良好，也被选为我们着重研究的国家。

因此本研究考察表中所列九国数学教材中的几何内容。每个国家均选择比较有代表性的教材版本，如表 3-1 所示。

表 3-1 各个国家有代表性的教材版本①

国家	教材	出版社	简称
中国	《义务教育教科书·数学》	浙江教育出版社	浙教版
	《义务教育教科书·数学》	北京师范大学出版社	北师大版
	《义务教育教科书·数学》	人民教育出版社	人教版
	《普通高中课程标准实验教科书·数学(A版)》		人教A版
美国	《几何数学》	普伦蒂斯·霍尔出版社	GPH版
	《代数2》		APH版
	《几何数学》	麦格劳-希尔集团	GMH版
	《加州数学：概念、技能和问题解决》		CMH版
法国	《数学》	贝林出版社	FTB版
德国	《几何学10》	恩斯特·科莱特集团	GLS版
	《解析几何基础课程》		ALS版
英国	《数学核心与扩展教材》	剑桥大学出版社	ETB版
俄罗斯	《10—11年级几何》	莫斯科教育出版社	RTB版
澳大利亚	《高等数学(核心)》	IBID出版社	ATB版
日本	《新数学》	东京书籍株式会社	JZS版
	《新编数学B》	日本数研出版株式会社	JTB版
	《新编数学C》		JSY版
新加坡	《H2数学》	泛太平洋教育出版社	SHM版
	《新数学(3)》		NEM版

3.3 研究过程和研究方法

第一阶段，文献分析。阅读大量文章和著作充实理论水平，了解国内外教育背景以及国内外教材比较的研究现状。

第二阶段，内容分析。对国内外几套教材的几何部分进行深度的内容研究与

---

① 为方便正文叙述，国外教材各版本均给出简称，比如 GPH 版。版本简称的缩写字母来源于以下两种规则之一：(a) 选择国家名称的英文首字母和教材(Textbook)中的字母 T 和 B 组成，例如法国教材 FTB 版；(b) 选择教材名称的英文首字母和出版社名称的英文首字母组成，例如美国教材《几何数学》简称为 GPH 版。

分析，对各版教材中相同的教学内容展开并重点提取、量化分析。

第一步，对整套教材几何内容所占比例以及几何知识覆盖面进行分析。

第二步，对教材章节结构、编排顺序、内容分布等进行整理与分析。

第三步，针对某一块几何知识内容，整理知识点。

第三阶段，确定研究模型。组内讨论，制定比较框架，并经历试用—讨论—修改的过程，最终制定出适用于几何内容比较的研究模型，详见图3-1。

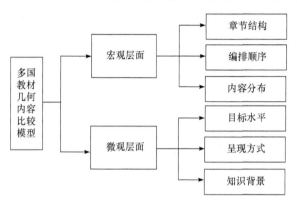

图 3-1　多国教材几何内容比较模型

3.4　研　究　框　架

3.4.1　教材宏观比较框架

在宏观层面，主要从章节结构、编排顺序、内容分布三个维度展开。在下文具体教材内容的比较案例中，根据实际需要会对宏观比较框架作适当修改。

章节结构是依据教材对具体内容的安排，从中提炼出不同教材特有的体例结构图。

编排顺序是根据教材相关内容的章节目录，分析两版教材某一内容的上行单元、单元名称、单元大纲、下行单元等方面，如表3-2所示。

表 3-2　教材内容编排顺序比较表

教材名称	版本 1	版本 2	版本 3	……
上行单元				
单元名称				
单元大纲				
下行单元				

内容分布是聚焦两版教材中所要比较内容的章节，以内容为核心，列举并呈现不同版本教材与比较内容相关的知识，进而比较分析，如表3-3所示。

表3-3　教材内容分布比较表

教材名称	版本 1	版本 2	版本 3	……
单元名称				
单元内容				

3.4.2　教材微观比较框架

微观比较是针对具体知识点，从知识目标水平、知识呈现方式、知识背景三个维度进行深度比较，并对每个维度编码赋值，或对不同版本教材中相同知识点的知识目标水平、例题和习题综合难度进行比较。以下是进行教材微观比较时所需的分析框架,其中具体教材内容的比较案例会根据实际需要对框架作适当修改。

1. 知识思维水平

根据范希尔几何思维水平，制定知识思维水平分析框架，如表3-4所示。

表3-4　知识思维水平分析框架

比较维度	分类	定义	赋值
知识思维水平	直观性水平	整体地认识几何对象；学习者依据几何图形的外表来认识、命名、比较和画出这些图形	1
	描述性水平	通过几何性质认识几何对象；学习者依据经验确立图形的性质和使用这些性质解决问题	2
	理论性水平	利用演绎推理证明几何关系；学习者能运用"如果——那么——"思想，并由此进行逻辑推理、证明	3

2. 知识呈现方式

几何学是研究现实世界中物体的形状、大小与位置关系的数学学科，人们通常运用直观感知、操作确认、推理论证、度量计算等认识和探索几何图形及其性质。结合教材呈现的内容，将知识呈现方式分为知识导入(直观感知)、知识体验(操作确认)、知识表征(思辨论证)、知识应用(度量计算)和知识拓展，如表3-5所示。

表 3-5　知识呈现方式分析框架

比较维度	分类	定义	赋值
知识 呈现方式	知识导入	教材中作为新知识导入的部分	1
	知识体验	知识探索、合作学习、动手操作部分	2
	知识表征	教材中的性质、公理、证明	3
	知识应用——介绍	新知识的应用，只是介绍	4
	知识应用——例题	教材中的例题	5
	知识应用——练习	教材中的课内练习	6
	知识拓展	对于新知识的拓展应用	7

3. 知识背景

根据知识背景方面的比较研究(Li，2000)，制定知识背景分析框架，如表 3-6 所示。

表 3-6　知识背景分析框架

比较维度	分类	定义	赋值
知识背景	生活背景	知识背景来源于实际生活、日常生活、学习用具、游戏等	1
	文化背景	知识背景来源于社会文化、风俗等	2
	科学背景	知识背景与科技及其他学科有关	3
	数学背景	知识背景只与数学自身体系有关	4

4. 知识目标水平

《义务教育数学课程标准(2011 年版)》中描述结果目标的行为动词包括"了解""理解""掌握"和"运用"等，教材一般涉及"运用"水平的知识点较少，通常将掌握与运用合并为一个水平，构建知识目标水平分析框架，如表 3-7 所示。

表 3-7　知识目标水平分析框架

比较维度	分类	赋值
知识目标水平	了解	1
	理解	2
	掌握与运用	3

在数据统计的基础上，利用公式

$$S = \frac{\sum_{i=1}^{3} n_i d_i}{n} \quad \left(\sum_{i=1}^{3} n_i = n; i = 1, 2, 3 \right)$$

计算教材的知识深度，其中，$d_i (i = 1, 2, 3)$ 依次表示了解、理解、掌握与运用三个水平，分别赋值为 1，2，3；n_i 表示目标水平为 d_i 的知识点的个数，其总和等于该部分内容所包含的知识点总数 n。

5. 例题和习题比较

例题和习题类型　根据学生解答例题和习题时需要联系的知识，制定例题和习题类型分析框架，如表 3-8 所示。

表 3-8　例题和习题类型分析框架

比较维度	分类
例题和习题类型	根据本节知识解答
	联系本节以外知识解答
	联系现实生活常识解答

例题和习题难度水平　对教材中例题和习题的难度水平进行说明(朱行建，2010；鲍建生和周超，2009)，制定例题和习题难度水平分析框架，如表 3-9 所示。

表 3-9　例题和习题难度水平分析框架

分类	水平	内容
单点结构	水平 1	学习者只需利用单个素材就可以解决的问题，无所谓理解
多点结构	水平 2	学习者需要联系多个孤立的素材解决问题，但尚未形成知识网络
关联结构	水平 3	学习者需联系多个事件，并把这些事件相关联
拓展抽象水平	水平 4	学习者回答问题时需要进行抽象概括，且问题结论具有开放性，使得问题本身的意义得到拓展

6. 教材综合难度比较

借鉴鲍建生(2002)期望课程综合难度因素水平划分，制定教材综合难度分析框架，如表 3-10 所示。

表 3-10　教材综合难度分析框架

难度因素(i)	水平(j)			
探究	识记	理解	探究	/
背景	无背景	个人生活	公共常识	科学情境
运算	无运算	数值计算	简单符号运算	复杂符号运算
推理	无推理	简单推理	复杂推理	/
知识含量	单个知识点	两个知识点	三个及以上知识点	/

第4章　教材比较案例(一)
——平面几何比较研究

平面几何以其完整的公理体系和严密的逻辑推理，长期以来一直被作为对中学生进行逻辑推理能力训练的不二选择，在教学中具有重要地位。它既是一种逻辑推理体系，又是一种直观、形象化的数学模型。通过图形带来的直觉，能增进学生对数学的理解，激发他们的创造力，帮助学生形成创新意识、发展数学思维(史宁中，2007)。目前，世界上大部分国家诸如中国、美国、英国等，均在中学阶段开设平面几何课程，选取平面几何中的相关内容，对各国平面几何内容进行比较，探寻各国平面几何内容设置的异同点。

4.1　中美数学教材比较研究

4.1.1　"平行线的性质"的内容比较

1. 研究对象

"平行线"是学生数学学习生涯中第一次接触的需要严密逻辑推理的模块，这一部分内容的学习将直接或间接地影响到未来学生对几何知识的学习。选择中国浙教版七年级下册教材与美国 GMH 版《几何数学》教材，采用文献研究法和比较研究法，从宏观和微观两个角度对两版教材"平行线的性质"内容进行定性与定量分析，探寻两版教材内容编排的异同点。

2. 宏观比较

1) 背景信息比较

对两版教材"平行线的性质"内容从章节名称、所属教科书、出版社、内容页数、教材总页数进行比较，如表 4-1 所示。

表 4-1　两版教材背景信息比较

	浙教版	GMH 版
章节名称	第 1 章 平行线	第 3 章 平行线和垂线
所属教科书	七年级下册	《几何数学(8 年级)》
出版社	浙江教育出版社	麦格劳-希尔集团
内容页数	28	61
教材总页数	182	966

由表 4-1 可知，两版教材都安排了一章篇幅介绍"平行线的性质"。浙教版安排在七年级下册，是在学生七年级上册学习了初步的几何知识，对基本的图形构成有一定了解的基础上，再开始接触需要具备一定逻辑推理能力的几何知识，是从学习直观几何、度量几何到论证几何的过渡；而 GMH 版将此内容安排在八年级，是在学生七年级掌握基本图形的认识和相关图形的测量之后，再开始学习几何推理的内容。从时间上看，浙教版介绍平行线的知识要早于GMH 版。

从内容页数和教材总页数上看，GMH 版的篇幅明显大于浙教版，因为中国教材是一学期一本，而美国是一学年一本；另外，GMH 版设计多样化的活动，包括课程前后的"几何实验室""绘图计算实验室"等丰富的拓展性内容，占用相当大的篇幅，而浙教版在课程的呈现与习题的设置上较精炼，倾向于设计"合作学习""做一做""阅读与思考"等活动。新课改之后，中国初中几何教材删减一定的内容，按照年级增长不断加大几何知识的比重，其中七年级渗透了一定基础的几何知识，为八、九年级几何的学习奠定良好的基础，但从两国教材的几何比重上看，浙教版仍然较注重几何知识的学习。

2) 编排顺序比较

将两版教材包含"平行线的性质"内容的单元编排顺序进行比较，得到表 4-2。

表 4-2　两版教材编排顺序比较

		浙教版	GMH 版
章名		第 1 章　平行线	第 3 章 平行线和垂线 (Chapter 3 Parallel and Perpendicular Lines)
节名		1.1 平行线 1.2 同位角、内错角、同旁内角 1.3 平行线的判定 1.4 平行线的性质 1.5 图形的平移	3-1 平行线和截线 (3-1 Parallel Lines and Transversals) 探索 3-2 几何实验室　角和平行线 (EXPLORE 3-2 Geometry Software Lab　Angles and Parallel Lines) 3-2 角和平行线 (3-2 Angles and Parallel Lines)

	浙教版	GMH 版
节名		探索 3-3 图形计算器实验室　调查斜坡 (EXPLORE 3-3 Graphing Calculator Lab Investigating Slope) 3-3　直线斜率 (3-3 Slopes of Lines) 3-4　直线方程 (3-4 Equations of Lines) 拓展 3-4　几何实验室　垂直平分线方程 (EXTEND 3-4 Geometry Lab　Equations of Perpendicular Bisectors) 3-5　判定直线平行 (3-5 Proving Lines Parallel) 探索 3-6　图形计算器实验室　交点 (EXPLORE 3-6 Graphing Calculator Lab　Points of Intersection) 3-6　垂线与距离 (3-6 Perpendiculars and Distance) 拓展 3-6　几何实验室　非欧几何 (EXTEND 3-6 Geometry Lab　Non-Euclidean Geometry)

由表 4-2 可知，在平行线的章节安排上，浙教版与 GMH 版均为一章内容，而浙教版下设 5 节内容，GMH 版下设 6 节内容。在内容选择上，两版教材都涉及平行线的概念、性质和判定，但浙教版在平行线的基础上增加图形的平移知识，由线及面展开学习；而 GMH 版基于坐标系增加垂线的相关内容，并结合代数知识，全面地学习平行线，在"角示平行线"一节中专门设立"代数与角度计算"栏目，并用相关例子说明运用代数方法解决几何问题的便捷性，体现数形结合的思想，重视直观几何与逻辑推理的联系，有利于培养学生用代数思维解决几何问题的能力，提高逻辑推理能力和分析问题的能力。

在编排顺序上，浙教版从平行线的概念出发，在平行线基础上增加相交线，构造"三线八角"基本图形，进而学习同位角、内错角、同旁内角的概念，再根据三类角的关系来判定直线平行，之后再研究平行线的性质，最后在平行线基础上学习图形的平移。浙教版内容围绕平行线螺旋式上升，层层递进，并且按照平行线知识的公理体系编排，更具系统性，使知识的学习由浅入深，形成知识串。GMH 版先学平行线的概念，再从"三线八角"出发学习同位角、内错角、同旁内角的概念，但紧接着直接学习平行线的相关性质，之后在坐标系的基础上开始研究直线斜率和直线方程，再学习平行线的判定，不仅学习用"三线八角"的关系来判断两条直线平行,还增加了用两直线的斜率相等来判定两直线平行的知识，最后学习垂线与距离。

另外，GMH 版设置"几何实验室""图形计算器实验室"作为课程内容的补充，提供学生独立思考、自主探究与合作学习的模块。例如，在学习平行线的性质前利用几何画板软件直观探索"三线八角"之间的关系；在章节末尾设置"非欧几何",开拓几何学习视野,激发学生学习与探究数学的兴趣。在每节课程内容呈现之前,GMH 版会在教材的旁白处注明本节内容的学习目标,便于学生整体把握本节课程知识重难点,同时还会注明相应课程学习所要复习的知识词汇,既关注知识的承前也重视启后。

3. 微观比较

下面从知识呈现方式、知识背景、例题和习题综合难度三个方面对两版教材"平行线的性质"内容进行比较研究。

1) 知识呈现方式比较

中小学数学教材中对知识的设计和处理方式既是教师解读教材的基础,也是对学生数学学习的引导(李金富和丁云洪,2013)。因此,知识的呈现方式在师生进行双边交流活动中起到至关重要的作用。依据知识呈现方式分析框架,对两版教材"平行线的性质"知识的呈现方式进行比较,如表 4-3 所示。

表 4-3　两版教材知识呈现方式比较

	浙教版	GMH 版
知识导入	展示各组对边互相平行的放缩尺,思考所标的几个角是否相等	展示一幅绘画作品,在图画上标出一组平行线和相应平行线上的相交线,说明这三条线与组成的几个角之间存在特殊关系
知识体验	合作学习 1:利用几何画板软件任意画两条平行直线,再任意画一条直线与这一组平行线相交,测量两个同位角的度数,并转动直线,继续测量相应同位角的度数。总结发现,若两直线不平行,验证所示结论是否仍成立 合作学习 2:画一组平行线和相应的相交线,猜想所标内错角是否相等,两个同旁内角的和是多少度。回顾已经知道的平行线的性质,再观察图中所标识角的关系	几何实验室:利用几何画板软件任意画两条平行直线,再任意画一条相交线,回答以下问题: 1. 根据图象,写出上节课所学的几对角,哪几对有相同的度数? 2. 这些内角之间的关系是什么? 3. 猜想三条线构成的八个角之间的关系:a: 同位角; b: 内错角; c: 同旁内角; d: 外错角 4. 在旋转相交线的过程中检验猜想,并计算角度 5. 继续旋转相交线直至其中一个角为 90°,观察其余角的度数,猜想相交线与两条平行线之间的关系
知识表征	定理,以文字表征	定理,以符号、文字、图表征
严密证明	无	无
知识应用	1. 运用平行线的性质进行简单的推理与判断 2. 运用性质求未知角	1. 运用平行线的性质进行简单的推理与判断 2. 运用性质求未知角 3. 运用代数方法求未知角
知识拓展	利用平行线的性质测算地球的周长	无

　　由表 4-3 可知，在知识导入上，两版教材都是从实物中抽象出几何图形，浙教版选择生活中的放缩尺，直接简明判断所标识的几个角是否相等；GMH 版以绘画作品为背景，从中抽象出平行线和相交线，引导学生发现三条线构成的角之间存在的特殊关系，同时问题留白设置，提供学生探索空间。

　　在知识体验上，两版教材均借助现代信息技术工具，运用几何画板动态直观地展示图形运动变化过程，给学生提供实际操作"几何图形"的平台，促使学生积极参与数学活动，积累数学活动经验，培养创新意识和实践能力。浙教版设置两个合作学习，一是利用几何画板先测量一对同位角的度数，接着转动相交线，继续观察这对同位角的度数，让学生经历知识产生的过程，通过动手实践和观察思考的方式得出结论，再改变条件检验两直线不平行时结论是否仍成立，最后总结得出平行线的第一个性质，体现从特殊到一般的思想，锻炼学生养成严谨思考的数学学习习惯，培养有序思维；二是在学习第一个性质的基础上，以直接提问所标的内错角是否相等以及两个同旁内角的和是多少的方式，得出平行线的第二、三个性质。GMH 版的"几何实验室"充分运用信息技术，通过直观展示整个几何图形运动，研究平行线的三条性质。先观察图象，通过回顾上节课的知识点思考问题，再猜想构成的"三线八角"之间的关系，之后转动相交线，观察并测量角的度数，对猜想进行验证，最后旋转到有一个角为90°的特殊情况，观察其余角的度数，继续猜想三条直线间的关系。浙教版的探究内容通常只有一两个问题，并且问题思考的指向性较明显；而 GMH 版的探究活动往往含有多个子问题，层层递进，以间接、隐性方式引导学生逐步探索新知。

　　在知识表征方面，浙教版以文字表征，而 GMH 版增加符号和图表表征，用图表对平行线的性质进行归纳总结，并配以文字和符号，将数学语言与符号语言有机融合，性质表述更加直观明确；两版教材在平行线的性质方面都未涉及严密的证明。从知识应用上看，两版教材都要求运用平行线的性质进行简单的推理与判断，并运用性质求未知角，但 GMH 版还设置了运用代数方法求未知角，将方程代数思想融于几何推理，拓宽解决几何问题的思路。在知识拓展上，GMH 版未设置拓展内容，仅以简单的下节课所学相关内容的问题结尾；浙教版引用与平行线性质相关的数学史内容，融入数学史，加深学生对数学知识的理解，传承数学文化，激发数学学习的兴趣。

　　2) 知识背景比较

　　根据知识背景分析框架，对两版教材中"平行线的性质"的知识点与例题和习题的背景进行比较，得到表 4-4，并绘制图 4-1、图 4-2。

表 4-4　两版教材知识背景比较

知识背景	浙教版	GMH 版
生活背景	3	8
文化背景	1	2
科学背景	0	2
数学背景	25	32

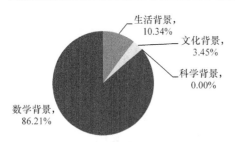

图 4-1　浙教版知识背景

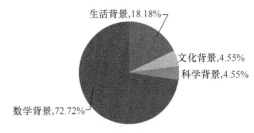

图 4-2　GMH 版知识背景①

由图 4-1 和图 4-2 可知，两版教材的知识背景均以数学背景为主，其他三种知识背景所占比例很小。其中，浙教版有少量的生活背景和文化背景，缺少科学背景；GMH 版依托数学背景，增加生活与数学知识的联系，重视数学的应用价值，提升教材的趣味性。两版教材可以适当也增加历史文化背景，例如，通过展示古代的名画与现代的建筑，从中观察并找寻特点，将直观的图象用数学语言进行抽象表达，探索平行线的性质，搭建数学与人文之间的桥梁，学会用数学语言来解释文化背景中的有关现象，体会直观与逻辑的关系，使学生的逻辑推理能力和几何直观能力得到一定的提高，促进学生对数学的理解和数学价值的认识。GMH 版在科学背景的设置上增加网络资源链接，以此了解题目的背景，拓宽学生的数学学习视野，并且重视知识的跨学科联系，打破学科局限，从不同的角度来感受数学蕴含的价值。

3）例题和习题综合难度比较

根据综合难度比较模型，对两版教材"平行线的性质"的例题和习题综合难度进行比较。首先统计两版教材的例题和习题数量，如表 4-5 所示，GMH 版的例题和习题数量明显多于浙教版。

表 4-5　两版教材的例题和习题数量

数量	浙教版	GMH 版
总数	21	34

---

① 图中比例数值存在舍入误差，按四舍五入，并有微调。

基于综合难度模型，得到表 4-6。

表 4-6 两版教材例题和习题难度因素统计表

难度因素	等级水平	浙教版	GMH 版
背景	无背景	18	29
	个人生活	3	3
	公共常识	0	1
	科学情景	0	1
探究	识记	0	0
	理解	19	27
	探究	2	7
知识含量	单个知识点	3	17
	两个知识点	8	12
	三个及以上知识点	10	5
推理	无推理	2	3
	简单推理	17	29
	复杂推理	2	2
运算	无运算	11	10
	数值运算	5	17
	简单符号运算	4	5
	复杂符号运算	1	2

根据表 4-6 计算每个难度因素的加权平均值，得到表 4-7，并绘制图 4-3。

表 4-7 两版教材例题和习题难度因素的加权平均值

版本	背景	探究	知识含量	推理	运算
浙教版	1.14	2.10	2.33	2.00	1.76
GMH 版	1.24	2.41	1.65	1.97	1.71

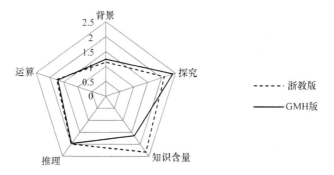

图 4-3 两版教材例题和习题综合难度

　　由表 4-7 和图 4-3 可知，两版教材在例题和习题的推理、运算与背景上相差不大。由于初中生刚开始接触需要严密推理的几何知识，两版教材都注重对学生逻辑推理思维能力的培养，为学生几何知识的学习打下基础；且基本侧重数值运算，符号运算占少数。在背景方面，两版教材以无背景居多，侧重于定理的掌握和应用，GMH 版相对于浙教版，增加几何知识与生活、科学方面的联系，更突出几何的应用价值，渗透数学文化。在知识点含量上，GMH 版以单个知识点居多，例题和习题主要针对某一个具体知识点，难度较低，重视基础知识的掌握；浙教版以多个知识点为主，难度相对较高，重视学生综合应用能力的提高。在探究方面，GMH 版多样化设计探究活动，提供学生合作探究、独立探究与引导探究的机会，在各种现实与数学情境中，发现数学问题并解决数学问题，同时打开学生的数学视野；浙教版在探究方面的习题设置较少。总体来说，浙教版的例题和习题综合难度高于 GMH 版。

　　此外，GMH 版在例题和习题的旁白处添加针对习题的考试小贴士，指明注意的问题和解题技巧(图 4-4)，帮助学生总结反思；在作业练习中提供相似的例子(图 4-5)，让学生在问题解决过程中形成独立思考、举一反三的能力；在教材旁白处注明附加练习和进行自测的网络链接，以及一些热点问题的探究(图 4-6)，满足不同学生的学习需要，发挥教材的习题作用，探究的热点问题源于生活，又高于生

图 4-4　　　　　　　　　　图 4-5　　　　　　　　　　图 4-6

图 4-4 译注　　　　　　　图 4-5 译注　　　　　　　图 4-6 译注

活,引导学生学会用数学语言表达客观世界。浙教版的例题和习题设置较为紧凑,以一体化形式呈现。

4. 研究结论与建议

1) 注重几何与代数的关联性,渗透数形结合思想

GMH 版在几何内容的设计上重视几何与代数的联系,用代数思维来解决几何问题,将直观的几何图形与抽象的数学语言巧妙结合,使得数学问题更加清晰透彻。初中生正处于形象思维向抽象思维过渡的时期,教材编写应加强几何与代数的联系,拓宽解题思路,渗透数形结合思想,利用"数"与"形"的关系探究问题的逻辑性,促进学生思维的全面发展。

2) 增加探究情境的问题设置,拓宽思维空间

数学探究是帮助学生了解概念和结论产生的过程,初步理解直观和逻辑的关系,是学生经历数学活动,积累数学活动经验的重要渠道(苏洪雨,2019)。GMH 版的探究活动往往包含多个子问题,层层递进,且每个问题都有设置留白思考空间。教材可以适当增加问题串,改变一步到位的提问模式,注重思维引导,留给学生更多的思考空间,循序渐进地培养学生的逻辑推理能力。同时设计充分的数学活动,引导学生积极观察与猜想,用实验等操作来验证猜想的可靠性,培养学生合情推理的能力,激发学生的创新意识和数学学习的信心,鼓励学生进行体验性、探究性和反思性学习,让学生经历从具体到抽象的过程,发展学生几何直观和逻辑推理的数学素养。

3) 重视几何语言表达,提升逻辑推理能力

图形是从实物和模型第一次抽象后的产物,也是形象、直观的语言;文字是对图形的描述、解释与讨论;符号则是对文字语言的简化(李海东,2019)。教材编写要重视对学生几何语言的表达和训练,培养逻辑推理能力。几何知识的学习要强调实物原型的作用,从中抽象出几何图象,再用数学语言进行表达。基于学生的认知水平,初中阶段开始接触用几何语言描述几何对象及其性质、定理等,相对有些困难,因此,在教材设计上可以借鉴 GMH 版综合应用文字、符号与图形语言描述几何知识的方式,并且增加文字、符号与图形语言相互转化的内容,帮助学生有逻辑地进行表达,为逻辑推理打下基础。

4) 丰富习题功能,促进不同学生的数学发展

GMH 版的例题和习题数量较多,知识背景完善,功能也较丰富,而浙教版习题数量相对较少,且主要以数学背景为主,生活背景次之,功能相对单一。因此,教材在编写上可以力求打破学科局限,增加科学与文化背景,渗透数学文化,体现数学的育人价值。在例题和习题设置上借鉴 GMH 版多样的习题模块,针对例题设置举一反三的习题系列,帮助学生加深对数学知识的理解,同时增加源于

生活的热点探究问题，通过合作交流等学习方式，提高学生的创新精神和实践能力，丰富习题功能，使人人都能获得良好的数学教育。

5) 加强信息技术与课程内容的整合，发展信息素养

在信息技术营造的认知环境中，教材可以从新的角度去呈现数学问题，在一种动态变化的过程中认识数学概念的本质(李海东，2017)。在信息化时代背景下，信息技术在课程中的应用，能够使数学教材生动丰富起来，让学生经历从直观到抽象的过程，更好地理解数学本质。在编写教材中有关信息技术的内容时，注意提供学生自主学习、动手操作的环境，同时注重时效性和适用性。教材的编写还可以借鉴 GMH 版教材在每节课程的角落提供丰富的网络学习资源的做法，让教育信息化带动教育现代化，促进基础教育发展，提高学生的信息素养，培养社会所需要的建设性人才。

4.1.2　"三角形全等的条件"的内容比较

1. 研究对象

选择中国浙教版八年级上册教材和美国 GPH 版《几何数学》教材，采用文献研究法和比较研究法，从宏观和微观两个角度对两版教材"三角形全等的条件"内容进行定性与定量分析，探寻两版教材内容编排的异同点。

2. 宏观比较

宏观比较是从整体上的编排顺序和相应的年级两个维度来分析某块几何内容。对于每个知识点，从这两个维度出发，确定一个二维坐标点 $P(X, Y)$，X 表示编排顺序，Y 表示对应年级。

首先，对两版教材某块几何内容的中心知识点进行一一对应，找出与该中心知识点相关的其他几何内容；其次，对已有的所有知识点进行编码赋值；最后，根据得到的两列有序二维点，在平面直角坐标中画图，得到两条折线。通过比较两条折线的异同，得到两版教材某块知识点在宏观角度分析下的异同点。

对两版教材"三角形全等的条件"相关章节进行整理，得到表 4-8 和图 4-7。

表 4-8　两版教材的知识点整理

X	浙教版		GPH 版	
	章节	Y	章节	Y
1	认识三角形	8.017	/	/
2	全等三角形	8.067	全等图形	9.262

续表

X	浙教版		GPH 版	
	章节	Y	章节	Y
3	三角形全等的判定	8.083	三角形全等的条件	9.286
4	作三角形	8.100	全等三角形的应用	9.298
5	等腰和等边三角形	8.025	等腰和等边三角形	9.310
6	直角三角形全等的判定	8.100	直角三角形全等	9.321
7	/	/	组合三角形中三角形全等	9.333

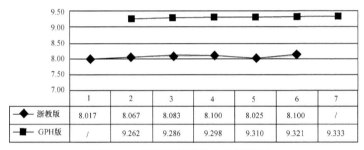

图 4-7　两版教材章节内容折线图

其中，Y 的整数部分表示授课年级，用数字 1—12 表示；每册教材时长为 0.5，小数部分处于 0.0—0.5 的表示知识点在上册教材，大于 0.5 的表示在下册教材。具体计算举例如下：

浙教版"三角形全等的判定"选自八年级上册 1.5 节，该册教材共 5 章，每章平均时间为 $\dfrac{0.5}{5}$，第一章共 6 节，第五节的授课时间为 $8+\dfrac{0.5}{5\times 6}\times 5\approx 8.083$。

由表 4-8 和图 4-7 可知，虽然 GPH 版介绍"三角形全等的条件"这一块知识点比浙教版晚一些(图 4-7 中序号 3 所对的数据点)，但是两版教材安排内容比较集中，几乎没有时间梯度；浙教版都安排在八年级上册，GPH 版都安排在九年级上册。此外，两版教材内容侧重点不同，浙教版侧重"三角形"，而 GPH 版侧重"全等"。而且虽然两版教材都介绍了在一些诸如等腰三角形、直角三角形等特殊三角形中三角形全等的条件，但 GPH 版更注重三角形全等条件的应用，因为除了介绍特殊三角形，GPH 版还介绍三角形全等在组合三角形中的应用。

3. 微观比较

根据微观比较框架，从思维水平、知识呈现、知识背景三个维度对"三角形全等的条件"中包含的知识点进行编码赋值，并统计分析。

1) 两版教材各维度相关性分析

按照教材呈现的知识点的编排顺序，对每个知识点从三个维度进行编码，再用 SPSS 软件对三个维度进行两两相关性检测，得到表 4-9、表 4-10。结果显示：浙教版和 GPH 版中的思维水平和知识呈现的 Pearson(皮尔逊)相关系数分别是 0.696，0.630，Sig.(2 – tailed) 双尾 t 检验值均为 $0.000 < 0.01$。这表明两变量正相关，且相关性非常显著，而其他几个维度之间的相关性都不显著。

表 4-9　浙教版各维度相关性比较

		思维水平	知识呈现	知识背景
思维水平	Pearson 相关性	1	0.696**	0.002
	显著性(双侧)		0.000	0.994
	N	27	27	27
知识呈现	Pearson 相关性	0.696**	1	-0.128
	显著性(双侧)	0.000		0.526
	N	27	27	27
知识背景	Pearson 相关性	0.002	-0.128	1
	显著性(双侧)	0.994	0.526	
	N	27	27	27

**$P < 0.01$，相关性显著。

表 4-10　GPH 版各维度相关性比较

		思维水平	知识呈现	知识背景
思维水平	Pearson 相关性	1	0.630**	-0.088
	显著性(双侧)		0.000	0.628
	N	33	33	33
知识呈现	Pearson 相关性	0.630**	1	-0.024
	显著性(双侧)	0.000		0.893
	N	33	33	33
知识背景	Pearson 相关性	-0.088	-0.024	1
	显著性(双侧)	0.628	0.893	
	N	33	33	33

**$P < 0.01$，相关性显著。

2) 两版教材各知识呈现过程的思维水平和知识背景

图 4-8、图 4-9 分别是两版教材微观三维分析图，其中，横坐标表示各维度赋

值，纵坐标表示横坐标对应赋值出现的占比。两版教材都相对比较重视理论性水平，图 4-8 中思维水平所指的条形图其高度依次上升，这表明浙教版前三种思维水平出现的百分比呈上升的趋势，图 4-9 中思维水平所指的条形图没有出现一致的依次上升趋势。

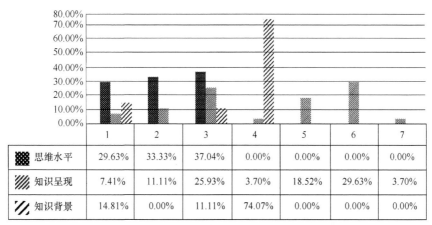

	1	2	3	4	5	6	7
思维水平	29.63%	33.33%	37.04%	0.00%	0.00%	0.00%	0.00%
知识呈现	7.41%	11.11%	25.93%	3.70%	18.52%	29.63%	3.70%
知识背景	14.81%	0.00%	11.11%	74.07%	0.00%	0.00%	0.00%

图 4-8　浙教版知识点的微观三维分析图

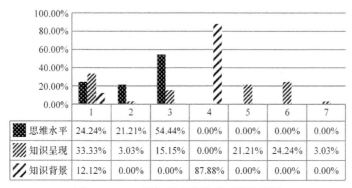

	1	2	3	4	5	6	7
思维水平	24.24%	21.21%	54.44%	0.00%	0.00%	0.00%	0.00%
知识呈现	33.33%	3.03%	15.15%	0.00%	21.21%	24.24%	3.03%
知识背景	12.12%	0.00%	0.00%	87.88%	0.00%	0.00%	0.00%

图 4-9　GPH 版知识点的微观三维分析图

　　为更好呈现知识点在各维度上的变化，绘制两版教材知识点各维度水平波动图，得到图 4-10、图 4-11。其中，横坐标表示教材呈现出的知识点自然编排顺序；纵坐标表示对应知识点微观分析各维度赋值。

　　图 4-10 中知识背景折线对应点的纵坐标多为 1 与 4 (表示折线对应点在 1 和 4 处最多)，图 4-11 中知识背景折线对应点的纵坐标多为 4，这表明在知识呈现上，GPH 版比浙教版更注重知识的引入，且以复习旧知的方式引入新知；浙教版通过介绍与实际生活相关的材料或旧知导入新知识。浙教版在引入新知后，会适当介绍其在现实生活中的应用，但 GPH 版在引入新知后便直接开始新知的应用。

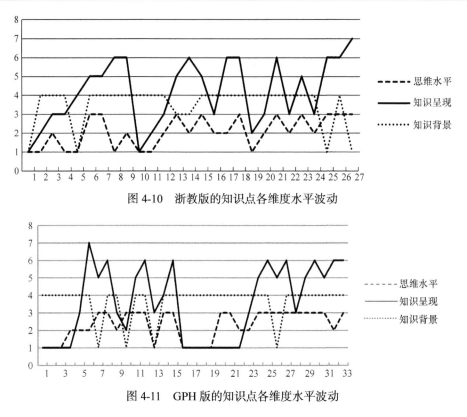

图 4-10　　浙教版的知识点各维度水平波动

图 4-11　　GPH 版的知识点各维度水平波动

虽然两版教材都出现知识拓展环节(图 4-10、图 4-11 知识呈现折线中纵坐标赋值为 7 的知识点),但其出现的位置(该点的横坐标)与内容不同(该点对应的知识背景),浙教版的知识拓展出现在本节末,介绍新知在智力游戏中的应用,知识背景来自生活;而 GPH 版出现在引入新知之后,在引出三角形全等条件后介绍"公理",知识背景来自数学。值得注意的是,对于三角形全等的四个条件,浙教版将其视为一般性结论,GPH 版明确其为数学公理,并解释"公理"。

在知识背景方面(图 4-8 和图 4-9),两版教材横坐标为 4 的条形图最高,表明两版教材都注重知识的数学背景,尤其是 GPH 版,而浙教版比 GPH 版更重视介绍知识的生活背景和社会文化背景。

3) 两版教材各对应维度折线的波动次数与波动程度比较

定义波动:起始点—最高点—最低点为一个波动。如图 4-12 所示,以 GPH 版思维水平折线为例,该折线主要有 6 个波动:$A—B—C$,$C—D—E$,$E—F—G$,$G—H—I$,$I—J—K$ 和 $K—L$。这里需要说明的是,最后一个波动 $K—L$,虽然它没有下降的变化,但为了易于比较,仍将其作为一个波动。

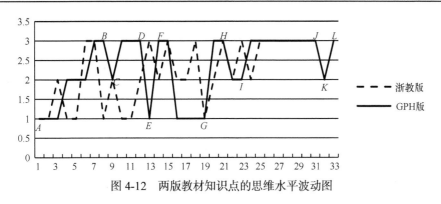

图 4-12 两版教材知识点的思维水平波动图

类比图 4-12，绘制两版教材知识呈现及知识背景的波动图，并统计各维度下折线图的波动数，得到表 4-11。

表 4-11 两版教材各维度折线图波动数

维度	浙教版	GPH 版
思维水平	9	6
知识呈现	6	7
知识背景	4	4

为进一步了解各维度的波动情况，计算两版教材各维度波动周期的方差均值和各维度方差，得到表 4-12。

表 4-12 两版教材各维度波动周期的方差均值和各维度方差

	思维水平		知识呈现		知识背景	
	浙教版	GPH 版	浙教版	GPH 版	浙教版	GPH 版
各波动方差均值	0.401	0.495	2.439	2.440	1.433	1.016
方差	0.661	0.696	3.040	4.547	1.139	0.959

由表 4-11、表 4-12 可知，在思维水平上，浙教版的周期性循环多于 GPH 版，但两类方差值都小于 GPH 版，说明其波动程度小于 GPH 版。在知识呈现上，浙教版的周期性循环少于 GPH 版，且整体波动性小于 GPH 版(3.040<4.547)。在知识背景上，浙教版的周期性循环与 GPH 版相等，但波动程度大于 GPH 版。

4. 研究结论与建议

1) 教材编排具有连贯性，浙教版起点比 GPH 版高

教材是教学活动的蓝本，它必须是连贯、重点突出的(全美数学教师理事会，

2004)。两版教材虽然在这一章节内容设计的侧重点不同，GPH 版侧重"全等"的概念、证明及应用，浙教版侧重"三角形"，但是其各节知识都是连贯的。GPH 版以"全等"为中心展开，浙教版以"三角形性质"为中心展开。值得注意的是，此部分内容在浙教版中属于八年级，而在 GPH 版中属于九年级，虽然内容相同，GPH 版比浙教版出现迟，但是从知识整体编排可以看出，它对学习者的要求更高。浙教版关于三角形初步知识的内容，从整体上看对学习者要求相对较低。因此，两版教材虽然都有"三角形全等的条件"的内容，但其整体知识单元对学习者要求不同，教材体现了以学生为本的编排理念，充分考虑了学生的现有认知现状和学习水平。

2) 教材编排所呈现的思维水平周期性地由浅入深

通过对各维度进行相关性检验发现，对于"三角形全等的条件"的内容，两版教材的思维水平与知识呈现方式呈显著正相关，其他维度之间相关性不显著。这表明，两版教材的编排随着知识呈现按导入、体验、表征、应用等顺序展开，知识点的思维水平逐渐上升，两者之间的相关性显著，这体现了两版教材由浅入深的编排方式。同时，通过比较亦发现两版教材三个维度都呈周期性波动，其中思维水平的波动周期性最大，GPH 版思维水平的波动周期又比浙教版频繁，且波动时差异性更大。由此看出，两版教材编排的思维水平呈周期性由浅入深。学习是一个循序渐进的过程，教材作为学习的主要材料，其呈现的知识思维水平亦逐渐递增。

3) 教材设计应注重让学生体验知识产生过程并理解知识系统化、公理化

浙教版通过让学生动手画图的合作学习的形式，以一般性结论引出各个三角形全等的条件。在合作学习过程中，学生可以画图并比较画出的三角形，观察其能否重合，从而得出一般性结论——三角形全等的条件。而 GPH 版以公理的形式给出三角形全等的条件，并说明何为公理、公理的性质。在例题和习题中，浙教版重视让学生动手操作进行画图，而 GPH 版则没有。一直以来，美国中小学数学教学都被理解为是宽而浅，而中国教材是窄而深，但从比较结果来看，并非如此。两版教材针对不同年龄层次的学生，设计不同的知识展开方式，GPH 版虽然在思维水平和知识呈现方面波动程度比浙教版大，但其理论性思维水平所占比例高于浙教版，且知识应用题更多地来自数学背景，并且在证明过程中使用结构框图，帮助教材使用者理解前后逻辑关系，让学生体验知识产生的过程。知识系统化、公理化训练是数学教学中不可缺少的两部分，教材编制者在设计教材时需要结合学生实际认知水平和数学自身特点，平衡两者关系。

4.1.3　"全等三角形"的内容比较

1. 研究对象

选择中国浙教版八年级上册教材和美国 GMH 版《几何数学(8 年级)》教材，采用文献研究法和比较研究法，从宏观和微观两个角度对两版教材"全等三角形"内容进行定性与定量分析，探寻两版教材内容编排的异同点。

2. 宏观比较

1) 背景信息比较

整理两版教材"全等三角形"内容的背景信息，得到表 4-13。从"全等三角形"内容的起始页数量可以看出，GMH 版关于"全等三角形"内容的篇幅多于浙教版。

表 4-13　两版教材的背景信息

	浙教版	GMH 版
章节名称	三角形的初步认识	全等
所属教科书	八年级上册	《几何数学(8 年级)》
出版社	浙江教育出版社	麦格劳-希尔集团
起始页	2—45	200—315
教材总页数	173	960

2) 设计特征比较

(1) 版面设计比较　从插图数量、教材总页数、教材中留白处、装帧色彩等方面对比两版教材的版面设计，得到表 4-14。

表 4-14　两版教材的版面设计

版本	插图数量	教材总页数	留白处	装帧色彩
浙教版	54	173	较少	平装，部分彩色，以黑白为主
GMH 版	98	960	较多	精装，彩色

由表 4-14 可知：第一，两版教材均有彩色，且在例题和习题中都设置了与题目有关的彩色插图，易于学生理解。但 GMH 版的插图数量明显多于浙教

版，浙教版更多是用色彩装饰标题、栏目边框和扉页的照片等。初中阶段作为小学和高中的过渡时期，学生的学习压力和课业负担都比小学阶段要繁重，色彩艳丽的教学课本更具趣味性，更能吸引学生的兴趣和关注度，彩色课本更有利于激发学习积极性，提高兴趣，培养创造性，增强学生自主思考和问题解决的能力。

第二，就单本书而言，GMH 版的总页数要远超于浙教版。相对应地，浙教版共有 5 个章节，而 GMH 版有 13 个章节，是浙教版的 2.6 倍。但中国教材是一学期一本教材，美国教材则是一学年一本教材，因此两版教材的厚薄差距以及章节上数量的差距也是可以理解的。然而过于厚重的课本会在无形之中增加初中学段学生的压力，使其在心理上容易对学习内容产生疲倦感。

第三，两版教材都采用大字号和宽行距，并在正文旁边都适当添加注释，更有益于学生阅读和自学。但是，GMH 版留出不少空白处，供学生机动使用，或做笔记或进行热点问题探讨，而浙教版在留白方面相对较少，排版较为紧凑。

(2) 体例结构比较　整理两版教材关于全等三角形内容的编写体例,得到图4-13和图4-14。

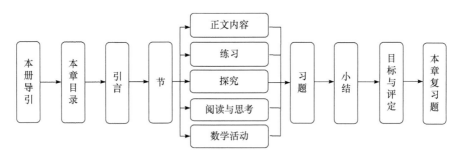

图 4-13　浙教版的编写体例

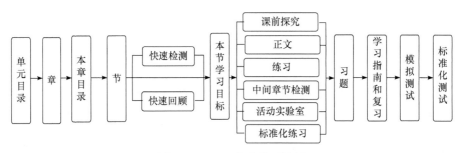

图 4-14　GMH 版的编写体例

由图 4-13 和图 4-14 可知，两版教材都是按照"内容→习题→练习→总结"的主线进行教学，但在具体体例结构上存在明显差异。

① 在学习目标设置上,两版教材都在每章最后设置章总结,便于学生在学习本章全部内容之后,比对学习目标的要求进行自我检验,起到自我总结评估的作用。不同点在于 GMH 版会在每节的开始设置"学习目标"和"新词汇"(图 4-15),每节学习目标的前置有利于学生在学习本节内容之前就明确接下来要学习的主要内容和知识重点,起到引领的作用,而浙教版没有设置。

图 4-15 GMH 版中每节的"学习目标"和"新词汇"　　图 4-15 译注

② 两版教材都有各自的特色性栏目,例如,浙教版开辟"设计题""探究活动"等扩展性栏目,GMH 版设置"学习技巧""热点问题""数学阅读"等专题。浙教版在学习本节内容的同时会适当涉及后续的学习内容,更注重对后续学习内容的延伸。例如,浙教版八年级下册"1.5 三角形全等的判定"的第二课时,本节课的主要内容是三角形全等判定的后两个方法(ASA 和 AAS)和角平分线的基本性质定理,但是在课内练习之后出现了如图 4-16 所示的探究活动,涉及后续直角三角形全等的判定(HL)的思想。

图 4-16 浙教版的探究活动

GMH 版更关注前后知识的关联性,注重对前面知识的回顾,经常在习题旁标注与该题相关的所学章节(图 4-17)。由此看来,浙教版更关注与后续内容的联系,GMH 版更关注与已学内容的联系。

Identify the congruent triangles in each figure.(lesson 4-3)

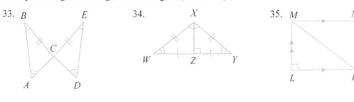

Find each measure if $\overline{PQ} \perp \overline{QR}$.(lesson 4-2)

36.$m\angle 2$　　　　　　　37.$m\angle 3$
38.$m\angle 5$　　　　　　　39.$m\angle 4$
40.$m\angle 1$　　　　　　　41.$m\angle 6$

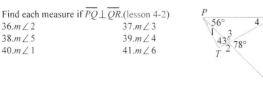

图 4-17 译注

图 4-17　GMH 版的习题

③ 相比于浙教版的"合作学习""做一做""阅读与思考"等栏目，GMH 版多处设置"扩展内容""学习技巧""几何实验室""测试策略"等不同栏目内容，其扩展性内容更为丰富。

3) 章节编排顺序比较

整理两版教材"全等三角形"内容的章节编排顺序，得到表 4-15。

表 4-15　两版教材的章节编排顺序

	浙教版	GMH 版
章节名	第 1 章　三角形的初步认识	第 4 章　全等三角形(Chapter 4 Congruent Triangles)
节名称	1.1 认识三角形 1.2 定义与命题 1.3 证明 1.4 全等三角形 1.5 三角形全等的判定 1.6 尺规作图	4-1　三角形分类(Classifying Triangles) 4-2　三角形的角度(Angles of Triangles) 4-3　全等三角形(Congruent Triangles) 4-4　全等三角形的证明(Proving Congruence)—SSS, SAS 4-5　全等三角形的证明(Proving Congruence)—ASA, AAS 4-5-1　直角三角形的全等(Congruence in Right Triangles) 4-6　等腰三角形(Isosceles Triangles) 4-7　三角形坐标证明(Triangles and Coordinate Proof)
章名称	第 2 章　特殊三角形	第 5 章　三角形中的关系(Chapter 5 Relationships in Triangles)
节名称	2.1 图形的轴对称 2.2 等腰三角形 2.3 等腰三角形的性质定理 2.4 等腰三角形的判定定理 2.5 逆命题和逆定理 2.6 直角三角形 2.7 探索勾股定理 2.8 直角三角形全等的判定	5-1　角平分线，中线和高线(Bisectors, Medians, and Altitudes) 5-2　不等式与三角形(Inequalities and Triangles)

　　由表 4-15 可知，浙教版先学习三角形角平分线、中线、高线概念之后，再开始三角形全等内容的相关学习，而 GMH 版相反，先学习三角形全等的相关知识之后再学习三线的内容。此外，浙教版将直角三角形的内容放在等腰三角形之后，而 GMH 版则是先学习直角三角形，再学习等腰三角形，两者编排顺序存在差异，而且浙教版对相关知识点的介绍较为集中，GMH 版对相关知识点的介绍比较分散。但两版教材关于全等三角形主线知识的安排一致，都是先介绍三角形，然后介绍全等三角形，再进行全等三角形的判定，最后扩展到特殊三角形(等腰三角形和直角三角形)全等的学习。从整体内容上看，两版教材都遵循从一般到特殊的认知顺序，并且内容介绍均呈螺旋上升趋势。

　　3. 微观比较

　　1) 知识呈现方式比较

　　根据知识点呈现方式的分析框架并适当修改，对两版教材"全等三角形概念""三角形全等判定(SSS)"的呈现方式进行比较研究，得到表 4-16 和表 4-17。

表 4-16　两版教材"全等三角形概念"的呈现方式

	浙教版	GMH 版
知识导入	在书上给出的一幅精美图画中，让学生寻找形状和大小都相同的图案	简单介绍凯巴布(Kaibab)悬索桥上钢索形成的每个三角形的重量和应力都均匀地分布在桥上
知识体验	观察书中给出的图形并思考这些图形有什么特征。如果把每一对中的两个图形叠在一起，他们能否重合	无，直接给出定义
知识表征	语言　全等三角形的定义及性质	语言　全等三角形的定义及性质
知识讲解	图形比较，能够重合的两个三角形为全等三角形	直接给出定义，两个三角形中，三个角和三条边分别对应相等，则这两个三角形为全等三角形
知识应用	例 1 利用全等三角形的定义，得到全等三角形对应边、对应角相等	例 1 "家居设计"，利用全等三角形定义寻找家具中对应边角的关系
知识扩展	无	1. 全等三角形的反射性、对称性和传递性 2. 认识全等变换

　　由表 4-16 可知，在知识导入方面，浙教版通过学生的实际观察导入新知，使学生直观感受将要学习的全等三角形是形状和大小都相同的图形，意图较为明显；GMH 版利用现实中的景物所构成的全等三角形导入新知，贴近生活实

际，但是引用意图不够明显。在知识体验和知识讲解上，两版教材存在明显差异，浙教版以观察思考的形式一步步引导学生得出全等三角形定义，使学生对知识的理解更为到位；GMH 版直接给出全等三角形定义，缺少体验过程。在知识表征和知识应用方面，两版教材均是先用语言对全等三角形的定义和性质加以阐述，然后根据定义得到全等三角形对应边角相等的性质。在知识扩展上，GMH 版更注重对知识点的延伸；浙教版在全等三角形这一节没有涉及相关的扩展内容。

表 4-17　两版教材"三角形全等判定(SSS)"的呈现方式

	浙教版	GMH 版
知识导入	钱塘江大桥的结构中有着许多全等三角形结构	简单介绍土地测量员依靠全等三角形测量数据
知识体验	合作学习:用刻度尺和圆规在一张透明纸上画△DEF,使其三边长分别为1.3cm,1.9cm,2.5cm	动手操作:用圆规和直尺在纸上作出已给出的△XYZ,最后把尺规作图得到的图形剪下来与△XYZ 相比较,看能否重合
知识表征	语言、字母、图形、符号	语言、字母、图形、符号
知识讲解	三角形三边长度确定,只能作出一种三角形,即三边相等的三角形全等(SSS)	动手操作得到的三角形与给出三角形△XYZ 可以重合在一起,得到三边对应相等的三角形全等(SSS)
知识应用	例 1　利用三边对应相等的两个三角形全等(SSS),证明线段和角相等 例 2　利用三边对应相等的两个三角形全等(SSS)、全等三角形对应角相等,作角平分线	思考:利用 SSS 证明两个三角形全等 思考:在坐标平面内,利用坐标计算三角形边长,从而利用 SSS 证明在坐标平面内的两三角形全等
知识扩展	三角形的稳定性,日常生活中房屋的人字架、大桥的钢梁、起重机的支架等,都采用三角形结构,以起到稳定的作用	无

由表 4-17 可知，两版教材在知识导入和知识表征方面的设置均相同，知识导入部分都采用生活中的实际例子较为简要地引入全等三角形，而知识表征部分都使用语言、字母、图形和符号来表述三角形全等判定条件(SSS)。在知识体验方面,两版教材都通过动手操作的方法让学生在实践中体会 SSS 的全等判定条件。相应地在知识讲解方面,两版教材也有类似的讲解方式,但在知识应用和知识扩展方面存在较大差异。在知识应用方面,浙教版主要以例题的形式来讲解知识的应用；GMH 版更多地以思考题的形式来展示。在知识扩展方

面，GMH 版并未涉及，而浙教版适当涉及，可以有效拓宽学生的知识面，激发学生的学习兴趣。

2) 知识背景比较

根据知识背景分析框架，比较两版教材"全等三角形"的知识背景，得到表 4-18，并绘制图 4-18、图 4-19。

表 4-18　两版教材的知识背景

知识背景	浙教版	GMH 版
生活背景	9	18
文化背景	2	1
科学背景	0	3
数学背景	25	44

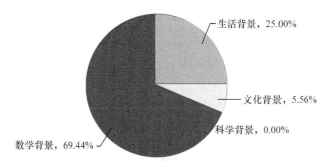

图 4-18　浙教版知识背景

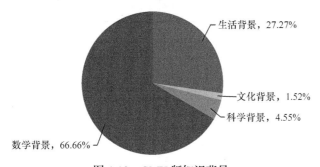

图 4-19　GMH 版知识背景

由图 4-18 和图 4-19 可知，从整体上看，浙教版的知识背景只涉及三个方面，包括数学背景、生活背景和文化背景；GMH 版涉及四个方面。从知识背景所占比例来看，两版教材的数学背景最多，而且浙教版的数学背景所占比例高于 GMH 版。在生活背景方面，GMH 版比浙教版的比例大。在文化和科学背景方面，GMH

版均有涉及，而浙教版只涉及文化背景。

3）例题和习题综合难度比较

引用鲍建生的课程综合难度比较模型，对两版教材"全等三角形"和"三角形全等判定(SSS)"的例题和习题综合难度进行比较。首先对该部分几何内容例题和习题总数和每个例题和习题的水平进行划分，得到表 4-19 和表 4-20。

表 4-19　两版教材的例题和习题数量

	浙教版	GMH 版
总数	20	55

由表 4-19 可知，两版教材不同之处在于 GMH 版的例题和习题总数明显多于浙教版，而相同之处在于两版教材的例题和习题量一般，都需要额外的课外练习来巩固知识点。

表 4-20　两版教材的例题和习题难度因素

难度因素	等级水平	浙教版	GMH 版
探究	识记	5	16
	理解	12	12
	探究	3	27
背景	无背景	18	41
	个人生活	1	10
	公共常识	1	2
	科学情景	0	2
运算	无运算	20	25
	数值	0	20
	简单符号运算	0	4
	复杂符号运算	0	6
推理	无推理	2	8
	简单推理	14	37
	复杂推理	4	10
知识含量	单个知识点	5	21
	两个知识点	6	21
	三个及以上知识点	9	13

根据表 4-20,计算每个难度因素的加权平均值,得到表 4-21,并绘制图 4-20。

表 4-21　两版教材例题和习题难度因素的加权平均值

	探究	背景	运算	推理	知识含量
浙教版	1.90	1.15	1.00	2.10	2.20
GMH 版	2.20	1.36	1.84	2.04	1.85

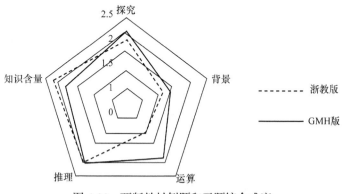

图 4-20　两版教材例题和习题综合难度

由表 4-21 和图 4-20 可知,两版教材在知识含量、探究、推理三方面的数值都较高,而背景方面的数值则相对较低,说明两版教材的例题和习题设置都比较注重培养学生的推理、探究能力,而与知识背景相结合的较少。就单个指标的数值来看,GMH 版在运算、背景和探究方面都高于浙教版,说明 GMH 版更加关注培养学生的运算和独立思考能力,更加注重知识点与背景的联系;浙教版在知识含量和推理方面的数值高于 GMH 版,说明浙教版更为注重学生推理能力的培养和知识点的综合运用。总体来看,GMH 版例题和习题的难度值高于浙教版。

4. 研究结论与建议

1) 设置每节课程内容的学习目标,增强教材引导性

教材编写者可以在每节教学内容之前设置本节学习目标和关键词,使学生在学习之前就对重要知识点有初步的了解,起到提纲挈领的作用,有利于学生更好地掌握本节知识点。

2) 加强数学教材新课中对旧知识点的回顾,增强教材前后知识连贯性

教材编写者可以考虑借鉴 GMH 版,在每节新课习题中添加与旧知识点相关的回顾练习,并在习题旁标注该习题所使用的旧知识点所在的具体页码数,以便学生翻阅复习。

3) 增加教材知识点的探究性

关于知识点设置部分，两版教材有着较大区别。教材的知识点设置可以借鉴GMH 版的方式，将部分知识点置于习题中，让学生通过合作交流、自主探究的方式习得，同时由教师辅助讲解例题和习题知识点，达到学生自主学习和知识巩固的目的。

4) 丰富教材知识背景，增强教材可读性

丰富教材色彩固然要紧，但丰富教材的知识背景更为重要。不仅仅是数学背景，丰富的生活、文化、科学背景的使用是学生更为深刻地理解所学知识的必要条件，能够使得教材内容更为吸引学生眼球，强调数学和生活的联系，让学生切身体会到数学既来源于生活，又应用于生活。

5) 丰富习题功能，多个角度帮助不同水平层次的学生进行练习和自我评估

GMH 版的习题量较多，结构复杂，但功能丰富。而浙教版的习题量较少，功能相对简明。因此，教材编写者可以考虑增加不同功能的习题数量，使得学生都能获得适合自己能力水平的练习，加强对知识点的掌握与巩固，达到人人都能受到良好的数学教育的目的。

4.1.4　"圆周角定理"的内容比较

1. 研究对象

"圆周角"是在学生学习圆心角、三角形、四边形等基本平面图形的基础上，通过实验几何、论证几何的形式来了解另一种平面图形的知识内容，无论从知识层面还是方法层面来说，对学生的学习都有着重要的意义。选择中国浙教版九年级上册教材与美国 GPH 版《几何数学》教材，采用文献研究法和比较研究法，对两版教材"圆周角定理"内容进行定性与定量分析，探寻两版教材内容编排的异同点。

2. 知识内容比较

梳理两版教材"圆周角"内容的知识点，得到表 4-22。

表 4-22　两版教材的知识内容

GPH 版	浙教版
12-3 圆周角(Inscribed Angles)	3.5　圆周角
圆周角的定义	圆周角的定义
圆周角定理	圆周角定理

续表

GPH 版	浙教版
圆周角定理推论 1：在同圆或等圆中，同弧或等弧所对的圆周角相等	圆周角定理推论 1：半圆(或直径)所对的圆周角是直角；90°的圆周角所对的弦是直径
圆周角定理推论 2：半圆所对的圆周角是直角	圆周角定理推论 2：在同圆或等圆中，同弧或等弧所对的圆周角相等；相等的圆周角所对的弧也相等
圆周角定理推论 3：圆内接四边形的对角互补	作为例题出现
弦切角定理	非本节内容(作为例题出现：九年级下册第 3 章 3.1.3 节的例 5)

3. 知识呈现方式比较

根据知识呈现方式分析框架，比较两版教材"圆周角定理"内容的知识呈现方式，得到表 4-23。

表 4-23　两版教材的知识呈现方式

		GPH 版	浙教版
知识导入		合作学习	实际生活+合作学习
知识体验		纯数学体验	无
严密证明		分类讨论，并给出其中一种情况的证明，其他两种情况作为练习学生自主完成	分类讨论，给出三种情况的证明
知识表征		语言及符号	语言及符号
知识应用	例 1	公式直接运用	联系圆弧知识运用公式
	习题		

1) 知识导入比较

GPH 版在本节初始首先罗列圆心角、半圆、优弧、劣弧等本节课所需的先行概念，以便引出圆周角以及圆周角定理的证明；浙教版通过设置生活实例激发学生的学习兴趣。

在圆周角定理的引入过程中，两版教材都运用合作学习、动手操作的学习方式。GPH 版运用数学背景，组织学生测量⊙X 和⊙Y 中所标记的角度和弧度(图 4-21)，从而得到初步猜想。浙教版同样组织学生测量圆周角及其所对应的圆心角，猜想它们之间的关系。不同的是，GPH 版固定了测量的三个圆周角($\angle 1$，$\angle 2$，$\angle 3$)，而浙教版使圆周角的顶点 A 为弧 BEC 一动点，任由学生选择测量的圆周角 $\angle BAC$ (图 4-22)。可见，GPH 版的引入难度低于浙教版，更加直接明了；

浙教版的引入给学生更大的发挥空间，既训练学生的动态思维，又使得定理的猜想更具说服力。

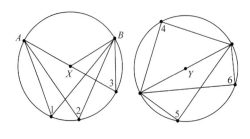

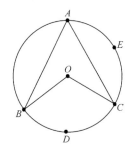

图 4-21　GPH 版的动手活动(Hands-On Activity)　　图 4-22　浙教版的合作学习

2) 定理证明比较

两版教材对圆周角定理证明的处理相似，都是分类讨论并罗列出三种情况：圆心在圆周角内、圆心在圆周角外、圆周角的一边过圆心。但 GPH 版只提供"圆周角的一边过圆心"这一情况的严格证明过程，其余两种证明过程作为练习留给学生；浙教版将三种情况的证明方法全部呈现，顺序为"圆周角的一边过圆心→圆心在圆周角内→圆心在圆周角外"。其次，两版教材都重视证明圆周角定理的文字语言转化为数学语言，即"已知：……求证：……"的形式。在书写证明过程时，GPH 版只书写演算过程，对应的每一步演算的理由都注明在侧，证明过程简洁清晰；浙教版中规中矩地以"因为……(性质定理)，所以……"的格式出现。

3) 知识应用比较

下面从难度水平、类型、编排特点三个方面比较两版教材"圆周角"内容的例题与习题。

(1) 难度水平比较。根据例题和习题难度水平分析框架，比较两版教材的例题与习题，得到表 4-24。

表 4-24　两版教材的例题与习题难度水平

	水平 1	水平 2	水平 3	水平 4	总体数
GPH 版	11	18	15	5	49
浙教版	4	4	12	1	21

(2) 类型比较。依据例题和习题类型分析框架，统计两版教材的例题与习题的类型，得到表 4-25。

表 4-25　两版教材"圆周角"的例题与习题类型

	GPH 版	浙教版
依据本节知识解答	11	3
联系本节以外知识解答	37	18
联系实际生活常识解答	2	1
总题数	49	21

注: 题目在上述分类情况下有交叉。

(3) 编排特点比较。两版教材均分层设置习题,难度逐层增加。浙教版的习题分为课内练习、作业题 A 组和 B 组,虽然各组习题难度逐渐增大,但题量大致均衡,题型也无明显差异。GPH 版的习题分为 A,B,C 三组,且在各组都写明难度要求,A 组是模仿课内例题(Practice by Example)进行练习,并在每题旁边注明模仿例题的出处,B 组是应用技能题(Apply Your Skills),C 组是挑战题(Challenge)。A 组是基础题,基本是本节知识的直接运用,且题型单一,即求解角度或弧度;B 组题量最大,题型也最为丰富。可以明显地看出,在习题形式上,GPH 版的习题分层更细致,题型更丰富,体现了 GPH 版要求不同层次的学生掌握不同水平的数学的特点。

从习题内容上看,GPH 版的习题更加多样,更具应用性、开放性。其应用性和开放性一方面体现在对实际问题的解决;另一方面体现在对数学问题的综合把握。例如,GPH 版的习题:①在圆中作梯形,要求在不同的圆中重复尝试;②哪种梯形能内接于圆? 并说明理由。浙教版的习题:求证"圆的两条平行弦所夹的弧相等"。对于同样的考查点,GPH 版的提问更能训练学生的思维。

同时,GPH 版的某些例题或习题旁设有"在线帮助"(Online),提供网站和用户名,教材使用者如果不能理解教材中的知识,可以登录网站,接受在线指导。由于课堂教学时间有限,学生知识水平存在一定差异等一些外在原因,教师通过课堂教学可能无法使每位学生都理解、掌握教材中的知识以及方法。而"在线帮助"在一定程度上能有效解决这一问题,教材使用者可以根据自己的实际情况,选择性地使用在线帮助。此外,GPH 版的部分习题中还设计了提示信息,告知教材使用者可以参考的教材内容。

4. 研究结论与建议

1) 教材编排应以学生为本,同时兼顾知识的连贯性

教材是教学活动的重要素材,针对不同的学生应该有不同的要求。因此,教材编写应充分考虑到不同学段的学生的认知水平和学习水平,体现以学生为本的

理念。同时，教材内容必须是连贯的、重点突出的。GPH 版的教学内容以"圆周角的定义→圆周角定理→圆周角定理推论→弦切角定理"作为发展主轴，重点编排圆周角定理的生成和应用，反映了从概念到定理、从核心到延伸以及从一般到特殊的过程。

2) 教材编写应关注学生的学习过程，让学生在经历知识的产生过程中体会知识的系统化、公理化

《义务教育数学课程标准(2022 年版)》指出，新知识的学习，展现"知识背景—知识形成—揭示联系"的过程。教材编写不是单纯的知识介绍，学生学习也不是单纯的模仿、练习和记忆。因此，教材应选用合适的学习素材，介绍知识的背景；设计必要的数学活动，让学生通过观察、实验、推理等，感悟知识的形成和应用。恰当地让学生经历这样的过程，对于学生理解数学知识与方法、形成良好的数学思维习惯、增强应用意识、提高解决问题的能力有着重要的作用。

GPH 版设计动手活动(Hands-On Activity)，以特殊性的结论引出圆周角定理；浙教版也设计"合作学习"，学生通过度量同弧上的圆心角以及圆周角的大小，寻找两个角之间的关系，从而得到一般性结论：一条弧所对的圆周角等于它所对圆心角的一半。两版教材都给学生提供一定数量的数学活动，关注知识的生成过程。

3) 教材在习题设置上，可以适当增加数量并体现层次性

数学教学中的例题和习题的主要功能是：在学生学习数学时提供示范作用，学生通过学习能够解决课后习题中类似的问题。因此，教材应在例题设置时精选例题，而在习题设置上层次分明，并适当增加习题数量，满足不同层次学生的需要。同时，借鉴 GPH 版的做法，每一层次的习题都写明设置意图，并提供相应的参考信息。

4.2　中日数学教材比较研究

4.2.1　"特殊三角形"与"三角形"的内容比较

1. 研究对象

等腰三角形和直角三角形都是特殊三角形，具有一般三角形的性质，同时具有一般三角形所不具备的特殊性，这些特殊性在几何证明中有着极为重要的应用价值，也是研究其他三角形和多边形的基础(朱先东，2002)。选择日本 JZS 版《新数学》教材和中国浙教版八年级上册教材，采用文献研究法和比较研究法，从宏观和微观两个角度对两版教材"特殊三角形"与"三角形"内容进行定性与定量分析，探寻两版教材内容编排的异同点。

2. 宏观比较

1) 编排顺序比较

将两版教材"三角形"和"特殊三角形"的内容纵向展开，得到图 4-23 和图 4-24。

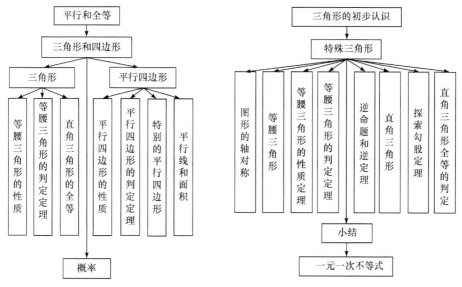

图 4-23　JZS 版的编排顺序　　　　　图 4-24　浙教版的编排顺序

由图 4-23、图 4-24 和分析教材可知，JZS 版的上行单元学习了"平行和全等"，浙教版的上行单元学习了"三角形的初步知识"，两版教材都学习了全等知识，与本单元内容联系密切。JZS 版的下行单元是概率，浙教版的下行单元是一元一次不等式，与本单元内容均无显著联系。此外，两版教材该部分内容的整体学习顺序相同，先学习等腰三角形，其间穿插等边三角形的学习，再学习直角三角形，但是 JZS 版在"三角形"整块内容上的学习进度快于浙教版，浙教版是在学习图形的轴对称后才进入等腰三角形的讨论。

2) 引入方式比较

在章节的引入方式上，浙教版比 JZS 版更为简单，仅采用章头图和引导语引入。JZS 版由传统技艺——剪纸引入，让学生即兴剪出一个形状，在实际操作中体会图形的轴对称；再让学生准备 3 张长方形的纸，按照教材中的方法进行裁剪，继而询问学生剪好后打开来的是什么样的图形，实际上第一个是等腰三角形，第二个是等边三角形，第三个是平行四边形。这样由问题引导的趣味性动手操作，激发了学生的求知欲与好奇心。

在节的引入方式上，浙教版在每节伊始，设置有关的实际背景引言或问题，并配上一幅图，引入教学内容的同时，使学生体会到数学与生活的联系，例如，在"等腰三角形"这一节设置的是一幅埃及金字塔的图，并配以简单的文字。JZS版在每一块教学内容之前设置问题，例如，在"等腰三角形的判定定理"的开头，提问"思考三角形加入什么条件成为等腰三角形"，这种开门见山式的提问明确这一部分的学习目标，起到提纲挈领的作用，有助于学生自学。

3. 微观比较

1) 知识目标水平比较

根据知识目标水平分析框架，比较两版教材内容，得到表4-26。

表4-26 两版教材的知识目标水平

		知识目标水平		目标水平百分比/%		知识深度	
		JZS版	浙教版	JZS版	浙教版	JZS版	浙教版
知识广度		11	24	/	/	2.09	2.08
知识目标水平	了解	4	7	36.36	29.17		
	理解	2	8	18.18	33.33		
	掌握与运用	5	9	45.45	37.50		

注：百分比及加权平均数的计算按四舍五入精确到小数点后两位。

由表4-26可知，JZS版包含11个知识点，浙教版包含24个知识点，浙教版所含知识点数量多于JZS版，这在一定程度上反映了浙教版较为注重学生知识的获得，对知识量要求更高。两版教材在这部分内容上要求最多的知识目标水平都为"掌握与运用"。虽然两版教材在知识目标水平的整体分布上有所差异，但知识深度的加权平均分别为2.09和2.08，即两版教材中该内容的知识深度接近。

2) 知识呈现方式比较

整理两版教材"等腰三角形的性质"内容的学习流程，得到表4-27。

表4-27 两版教材"等腰三角形的性质"内容的学习流程

	JZS版	浙教版
1	问：等腰三角形是怎样的三角形	让学生任意画一个等腰三角形，通过折叠、测量等方式，探索它的内角之间的关系
2	回顾小学中对等腰三角形的认识	等腰三角形性质定理1
3	折纸确认等腰三角形的两个底角相等	证明等腰三角形性质定理1
4	证明等腰三角形的性质定理	例题
5	等腰三角形的性质定理	推论：等边三角形的各个内角都等于60°

续表

	JZS 版	浙教版
6	例题	例题
7	3 个关于性质定理应用的问题	课内练习与作业题
8	给出等腰三角形顶角的角平分线垂直平分底边的部分证明，让学生填充完整	合作学习
9	等腰三角形顶角的角平分线的性质定理	等腰三角形性质定理 2
10	1 个关于等腰三角形顶角的角平分线性质定理应用的问题	例题
11	回顾等边三角形的定义	课内练习与作业题
12	给出等边三角形三个角相等的部分证明，让学生填充完整	

由表 4-27 和分析教材可知，JZS 版较为注重知识的即学即练，及时巩固所学；浙教版基本是在学习完所有知识点后，进入节末的课内练习和作业题 A，B 组。

整理两版教材"等腰三角形的判定定理"的引入部分，得到表 4-28。

表 4-28　两版教材"等腰三角形的判定定理"的引入部分

JZS 版	浙教版
问：等腰三角形有哪些判定方法？	
问：按下面的图形折纸的时候，重叠部分的三角形是什么样的三角形？ 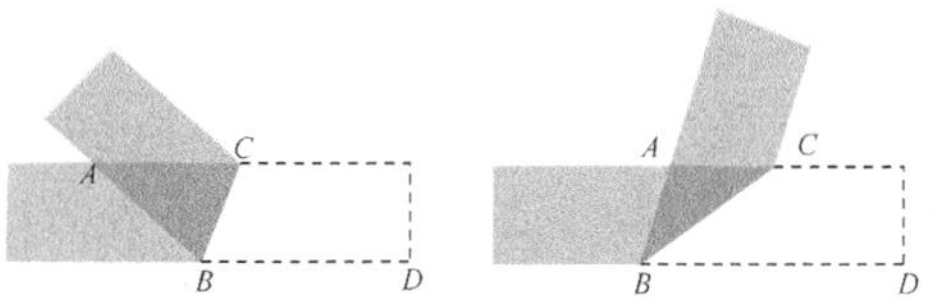	合作学习：在纸上任意画线段 BC，分别以点 B 和点 C 为顶点，以 BC 为一边，在 BC 的同侧画两个相等的角，两角的另一边相交于点 A。量一量，线段 AB 与 AC 相等吗？其他同学的结果与你的相同吗？你发现了什么规律？

由纸带的两边平行可以推出上图的△ABC 中，∠ABC=∠ACB。

问：上图中，∠ABC = ∠ACB 的理由是？

问：已经证明三角形的两边相等的时候，两条边对应的角相等，相反，两个角相等的三角形两个角所对的边是否相等？

等腰三角的判定定理及其证明

由表 4-28 可知，JZS 版通过折纸，给出几个三角形，学生能够猜测出可能是等腰三角形，但无法直接用等腰三角形的定义证明，只知 $\angle ABC = \angle ACB$，进而思考等角所对边是否相等。这样的设计符合学生的思考过程，思路流畅。浙教版通过作两个角相等的三角形，进而测量发现两个角所对边相等来引出等腰三角形的判定定理。这样观察归纳的方式是对判定定理的初步验证，验证固然是重要的，但如何引导学生主动想到从等角出发思考判定方法亦是核心。这样的活动从侧面告诉了学生判定方法，少了些许探索的趣味。

4. 研究结论与建议

1) 两版教材都具有较强的逻辑性和系统性，但 JZS 版更注重教材的直观性

两版教材在"特殊三角形"这部分内容的整体学习顺序一致，条理清晰。且两版教材均为彩色，浙教版以冷色调为主，JZS 版以暖色调为主，且在一些栏目边上设置了简单可爱的图象，给读者以更加亲切之感。另外，JZS 版会在几何图形中用不同颜色和样式的记号标记相等的边或角，更为直观清晰的同时，促进学生数形结合思想的培养。

2) 适当设置更多问题，引导学生思考

数学学习应当在确保一定内容的学习的同时，给予学生充分的思考空间，这亦是数学生生不息之魅力所在。JZS 版在教材中层层设问，引导学生不断思考，而浙教版中的问题设置大多集中在知识引入环节。教材编写者可于整个学习环节中适当添加问题，将思考贯穿于整个学习进程，而非仅着眼于知识引入环节，重视数学思维的发展。

3) 数学活动的安排应更为丰富、具体，使其形成体系

日本数学新《学习指导要领》特别强调要丰富学生的数学活动，使学生体验到数学活动的快乐，感受到数学的应用价值。JZS 版体现了这一理念，例如，"三角形和四边形"这一章伊始的剪纸活动，轻松有趣地引入本章内容，还有一些章节的末尾设置的以"数学探究""生活与数学""数学史""数学游戏"为主题的丰富的课题学习，不仅具体可操作，而且兼顾趣味性和丰富性。浙教版亦有这方面的设计，例如"设计题""探究活动"等栏目，但总体而言，丰富性和趣味性有待提高，且活动设计较为松散。编者应重视数学活动在教材中的地位，使数学活动形成体系真正融入教材，并在教学中切实可行，行之有效。

4.2.2 "特殊三角形"的内容比较

1. 研究对象

"特殊三角形"内容紧接"初步认识三角形"内容，是在学生掌握三角形的基

础知识和全等三角形的基础上进一步构建几何思维的重要基石。选择日本 JZS 版《新数学》教材和中国浙教版八年级上册教材,采用文献研究法和比较研究法,从宏观和微观两个角度对两版教材"特殊三角形"内容进行定性与定量分析,探寻两版教材内容编排的异同点。

2. 宏观比较

1) 体例结构比较

对两版教材"特殊三角形"内容的编写体例进行比较,得到图 4-25 和图 4-26。

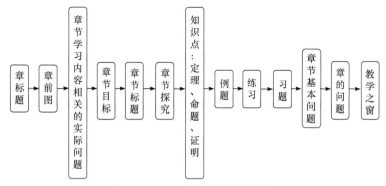

图 4-25 JZS 版的编写体例结构

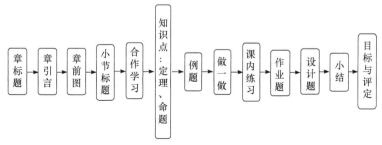

图 4-26 浙教版的编写体例结构

由图 4-25、图 4-26 可知,两版教材都是从提出问题开始进行教学,而后通过探究分析呈现知识点。在每小节学习结束后均配备习题,以便针对所学知识点进行巩固。同时,章末尾都设置有复习题、小测验,帮助学生检验对知识的掌握程度。不同的是,浙教版的课内练习更多,使得学生对知识点有充分训练,加深对新学知识的理解,而且在章节末编排了"设计题",将所学知识与实际生活紧密结合,培养学生应用所学知识点解决实际问题的能力,同时设置"小结",对本章内容进行梳理、总结,有助于学生整体把握本章知识点。

2）编排顺序比较

将 JZS 版的第 5 章和浙教版的第 2 章以及它们的上行单元、下行单元进行纵向展开对比，得到表 4-29。

表 4-29　两版教材的编排顺序

JZS 版	浙教版
第 4 章　平行和全等	第 1 章　三角形的初步认识
第 5 章　三角形和四边形	第 2 章　特殊三角形
第 1 节　三角形 ① 等腰三角形的性质 ② 等腰三角形的判定定理 ③ 直角三角形的全等 第 2 节　平行四边形 ① 平行四边形的性质 ② 平行四边形的判定定理 ③ 特殊的平行四边形 ④ 平行线与面积	2.1　图形的轴对称 2.2　等腰三角形 2.3　等腰三角形的性质定理 2.4　等腰三角形的判定定理 2.5　逆命题和逆定理 2.6　直角三角形 2.7　探索勾股定理 阅读材料　从勾股定理到图形面积关系的拓展 2.8　直角三角形全等的判定 小结 目标与评定
第 6 章　概率	第 3 章　一元一次不等式

由表 4-29 可知，JZS 版的上行单元是"平行和全等"；浙教版的上行单元是"三角形的初步认识"，两版教材的上行单元在知识结构上都与本章内容有较为紧密的联系，符合教材编写循序渐进、逐步深入的原则。而下行单元分别是"概率"和"一元一次不等式"，都不属于几何部分，与本章节内容无明显关联。从小节的安排上可以看出，两版教材对"特殊三角形"内容的学习安排大致相同，都是先深入学习等腰三角形，其间插入对等边三角形的认识，再以相同的学习方法探究直角三角形的相关知识。不同的是，JZS 版"勾股定理"这一内容出现在《新数学 3》中(后一本教材)，并且单独成为一个独立单元，分为两节，其中第 1 节勾股定理主要分为"勾股定理"和"勾股定理的逆定理"；第 2 节由"平面图形中的应用"和"空间图形中的应用"组成。而浙教版将这部分内容编排为一个单独的小节插入到"直角三角形"与"直角三角形全等的判定"两个小节之间。

3. 微观比较

1）知识点差异比较

对两版教材"特殊三角形"内容所包含的知识点进行整理和对比，得到表 4-30。

表 4-30　两版教材的知识点差异

	知识点	JZS 版	浙教版
1	概念：轴对称图形	0	1
2	性质：轴对称图形的性质	0	1
3	概念：图形的轴对称	0	1
4	性质：图形的轴对称的性质	0	1
5	概念：等腰三角形	1	1
6	等腰三角形是轴对称图形，顶角平分线所在的直线是它的对称轴	0	1
7	概念：等边三角形	1	1
8	等腰三角形的两个底角相等(等腰三角形的性质定理)	1	1
9	等腰三角形顶角的角平分线垂直平分底边	1	0
10	等边三角形的每一个内角都等于60°	1	1
11	等腰三角形三线合一(等腰三角形的性质定理)	0	1
12	等腰三角形的判定定理	1	1
13	三个角都相等的三角形是等边三角形(等边三角形判定定理①)	1	1
14	有一个角是 60°的等腰三角形是等边三角形(等边三角形判定定理②)	0	1
15	概念：互逆命题、原命题、逆命题	1	1
16	概念：逆定理、互逆定理	0	1
17	线段垂直平分线性质定理的逆定理	0	1
18	概念：直角三角形	0	1
19	直角三角形的两个锐角互余(直角三角形的性质定理)	0	1
20	直角三角形斜边上的中线等于斜边的一半(直角三角形的性质定理)	0	1
21	直角三角形的判定定理	0	1
22	勾股定理	0	1
23	勾股定理的逆定理	0	1
24	直角三角形全等的判定：斜边和一个锐角分别相等	1	0
25	直角三角形全等的判定定理(HL)	1	1
26	角平分线性质定理的逆定理	0	1
27	三角形的三条角平分线交于一点	1	0

由表 4-30 可知，JZS 版"三角形和四边形"这一章节中的三角形内容部分涉

及 11 个知识点，浙教版"特殊三角形"这一章节包含多达 24 个知识点，两版教材共同涉及的知识点有 8 个，JZS 版独有的知识点有 3 个，浙教版独有的知识点有 16 个。此外，浙教版"特殊三角形"独有的知识点出现在 JZS 版的其他章节，例如，浙教版"图形的轴对称"内容出现在 JZS 版《新数学 1》的第 5 章"平面图形"；"勾股定理及其逆定理"出现在 JZS 版《新数学 3》第 6 章，以独立一章的形式呈现；还有一些知识点在 JZS 版(初中教材)中并未提及，例如，"线段垂直平分线性质定理的逆定理"和"角平分线性质定理的逆定理"。JZS 版没有给出"等腰三角形三线合一"这一个浙教版中重要的知识点，而是从"等腰三角形顶角的角平分线垂直平分底边"的角度阐述了等腰三角形这一特殊性质。

2) 知识思维水平、呈现方式、知识背景比较

根据知识思维水平、知识呈现方式、知识背景分析框架，对两版教材"特殊三角形"内容知识点进行编码赋值，得到表 4-31 和表 4-32。

表 4-31　JZS 版的知识点微观分析编码表

	知识点	思维水平赋值	呈现方式赋值	知识背景赋值
1	概念：等腰三角形	1	2	1
2	概念：等边三角形	1	2	4
3	等腰三角形的两个底角相等(等腰三角形的性质定理)	3	3	1
4	等腰三角形顶角的角平分线垂直平分底边	2	3	4
5	等边三角形的每一个内角都等于60°	2	6	4
6	等腰三角形的判定定理	3	3	4
7	三个角都相等的三角形是等边三角形(等边三角形判定定理①)	2	6	4
8	概念：互逆命题、原命题、逆命题	2	1	4
9	直角三角形全等的判定：斜边和一个锐角分别相等	3	3	4
10	直角三角形全等的判定定理(HL)	3	3	4
11	三角形的三条角平分线交于一点	2	6	1

表 4-32　浙教版的知识点微观分析编码表

	知识点	思维水平赋值	呈现方式赋值	知识背景赋值
1	概念：轴对称图形	1	1	1
2	性质：轴对称图形的性质	2	2	4
3	概念：图形的轴对称	1	1	4

续表

	知识点	思维水平赋值	呈现方式赋值	知识背景赋值
4	性质：图形的轴对称的性质	1	4	1
5	概念：等腰三角形	1	3	4
6	等腰三角形是轴对称图形，顶角平分线所在的直线是它的对称轴	2	2	1
7	概念：等边三角形	1	1	4
8	等腰三角形的两个底角相等(等腰三角形的性质定理)	3	2	1
9	等边三角形的每一个内角都等于60°	2	5	4
10	等腰三角形三线合一(等腰三角形的性质定理)	3	2	4
11	等腰三角形的判定定理	3	2	4
12	三个角都相等的三角形是等边三角形(等边三角形判定定理①)	2	6	4
13	一个角是60°的等腰三角形是等边三角形(等边三角形判定定理②)	2	3	4
14	概念：互逆命题、原命题、逆命题	1	1	4
15	概念：逆定理、互逆定理	1	3	4
16	线段垂直平分线性质定理的逆定理	3	5	4
17	概念：直角三角形	1	3	1
18	直角三角形的两个锐角互余(直角三角形的性质定理)	3	3	4
19	直角三角形斜边上的中线等于斜边的一半(直角三角形的性质定理)	3	6	4
20	直角三角形的判定定理	2	6	4
21	勾股定理	2	2	4
22	勾股定理的逆定理	2	2	4

续表

	知识点	思维水平赋值	呈现方式赋值	知识背景赋值
23	直角三角形全等的判定定理（HL）	3	2	4
24	角平分线性质定理的逆定理	2	5	4

（1）整体上分析知识呈现过程的思维水平、知识呈现和知识背景。

用 Excel 绘制两版教材知识点的微观三维分析图，得到图 4-27 和图 4-28。其中，横坐标为知识点各维度赋值，分别参照表 4-31 与表 4-32；纵坐标为横坐标赋值出现百分比。

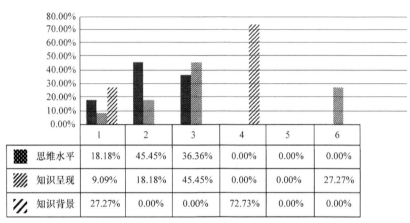

	1	2	3	4	5	6
思维水平	18.18%	45.45%	36.36%	0.00%	0.00%	0.00%
知识呈现	9.09%	18.18%	45.45%	0.00%	0.00%	27.27%
知识背景	27.27%	0.00%	0.00%	72.73%	0.00%	0.00%

图 4-27　JZS 版知识点的微观三维分析图

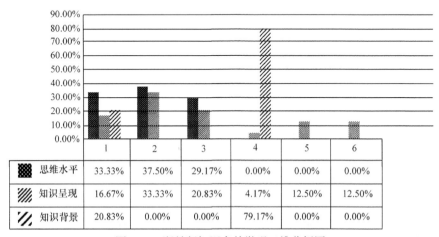

	1	2	3	4	5	6
思维水平	33.33%	37.50%	29.17%	0.00%	0.00%	0.00%
知识呈现	16.67%	33.33%	20.83%	4.17%	12.50%	12.50%
知识背景	20.83%	0.00%	0.00%	79.17%	0.00%	0.00%

图 4-28　浙教版知识点的微观三维分析图

由图 4-27 和图 4-28 可知，在知识思维水平方面，两版教材都侧重于"描述性水平"，不同的是，JZS 版还更加注重"理论性水平"，而浙教版的"直观性水平""描述性水平""理论性水平"都较为均匀，教材内容在思维层面覆盖较全面。

从知识呈现方式上看，JZS 版大部分以教材中的公理、性质、证明的知识表征体现，其次是通过教材中的练习来呈现，没有通过新知识的应用以及教材中例题的方式来呈现知识点。浙教版除了知识拓展(对新知识的应用)这一呈现方式没有在教材中体现，知识的呈现方式比 JZS 版更加全面，并且以知识体验、知识表征为主。总体来讲，两版教材都体现了几何内容之中知识点以公理、性质、证明为主的特点。

从知识背景上看，两版教材的内容都有数学背景与生活背景，且同样是以数学背景为主的，这说明几何这部分知识内容的学科性较强。

(2) 分析知识点在各维度上的变化。

为更好地呈现知识点在各维度上的变化，统计数据并绘制知识点各维度水平波动图，得到图 4-29 和图 4-30。其中，横坐标为教材呈现出的知识点自然编排顺序；纵坐标为知识点微观分析各维度赋值。

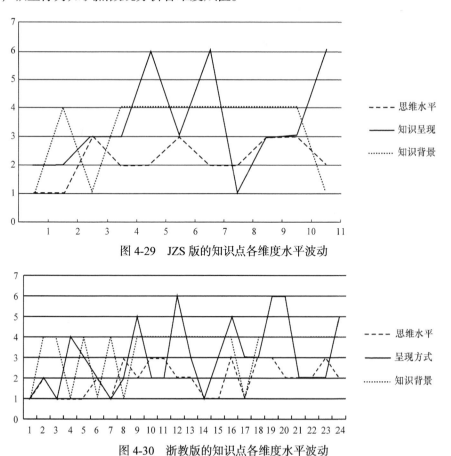

图 4-29　JZS 版的知识点各维度水平波动

图 4-30　浙教版的知识点各维度水平波动

由图 4-29 和图 4-30 可知，JZS 版的思维水平总体稳定在"描述性水平""理论性水平"，这说明教材知识点的思维水平较稳定。相比于 JZS 版，浙教版的思维水平波动较大。但通过对照教材发现，各小节知识点思维水平呈现较平稳的上升，之后稳定于"描述性水平""理论性水平"，只是在插入与逆命题相关知识点时(图 4-30 中横坐标为 14，15 的知识点)，知识点思维水平有较大波动，此外，各小节之间知识点思维水平存在较小波动。

另外，JZS 版的呈现方式波动较大，也就是说教材没有一个总体呈现方式，而是依据知识点的不同，选取不同的知识呈现方式。浙教版的知识呈现方式也同样存在波动，但不同的是，在波动的同时稳定上升。可以发现，随着总体教学过程的深入，知识的呈现水平逐步提高，据此可以推断，影响浙教版知识呈现水平变化的因素不仅仅是知识点，知识点难度总体的加深也使得知识的呈现水平向高水平发展。

3) 习题数量比较

对两版教材"特殊三角形"内容的习题数量进行统计，得到表 4-33。

表 4-33　两版教材的习题形式及数量

	JZS 版	数量	浙教版		数量
课内巩固	试一试	1	合作学习		6
	验证一下	2	做一做		6
	问题	8	课内练习		24
			探究活动		1
合计	11		37		
课后习题	基本问题集	3	作业题	A	36
				B	20
				C	2
			设计题		2
合计	3		60		
章末测试	本章的问题 A	7	目标与评定	A	8
				B	10
	本章的问题 B	3		C	8
				D	2
合计	10		28		
总计	24		125		

由表 4-33 可知，两版教材在习题上的差别明显且巨大，即使考虑到知识点容量上的不同，浙教版的习题数量也远远多于 JZS 版。此外，JZS 版的习题较集中于课内，说明习题的设置主要用于帮助并且引导学生进行新知识的学习，课后与章节末的习题则是对学生进行综合训练，而浙教版的习题集中在课后的练习和章末的测定中。

4. 研究结论与建议

1) 教材编排应具有整体性、连贯性

研究发现，相较于 JZS 版，浙教版"特殊三角形"这一章的编排明显丰富，并且整体上知识的起点高于 JZS 版。教材的编写应保持较强的整体性和连贯性，由浅入深、层层深入，依照知识的逐步加深进行教材内容的编排。

2) 教材编排应考虑学生接受程度

浙教版的内容丰富，所含知识点是 JZS 版的两倍多，而 JZS 版将学生较难理解的有关勾股定理的知识设置到九年级的教材中。启发我们在重视教材整体知识连贯性的同时也要考虑到学生对知识的接受程度。此外，可以适当调整教材难度，以适合学生的认知水平与思维发展，将较简单和较难理解的知识分别下放到低年级和高年级的教材中。

3) 重视知识思维水平与知识呈现方式间的内在关系

教材的知识点应该结合学生认知规律以及数学自身的知识特点，关注知识思维水平、知识呈现方式以及知识背景之间的隐含关系，只有这样才能使教材发挥带领学生由浅入深、循序渐进地展开学习的功能。

4) 精减习题数量，寻求习题数量与训练效果间的平衡

浙教版设置丰富的课后习题，以此帮助学生巩固、掌握知识点，而 JZS 版采用即学即练的模式。在习题设置上，教材编写者可以适当删减机械性训练的习题，减轻学生负担；同时避免在习题之中反复出现相同的知识点。总而言之，习题的设置要在习题数量与习题训练效果之间找到平衡点。

4.3　中英数学教材比较研究

1. 研究对象

直角三角形作为特殊的几何图形，对其教材内容进行研究有着重要的意义。选择中国浙教版八年级上册教材和英国 ETB 版《数学核心与扩展教材》，采用文献研究法和比较研究法，从宏观和微观两个角度对两版教材"直角三角形"内容进行定性与定量分析，探寻两版教材内容编排的异同点。

2. 宏观比较

1) 背景信息比较

整理两版教材"直角三角形"内容的背景信息，得到表 4-34。

表 4-34　两版教材的背景信息

	浙教版	ETB 版
章名称	第 2 章 特殊三角形	第 3 章 线、角和形 (Lines，Angles and Shapes) 第 11 章 毕达哥拉斯定理和相似形 (Pythagoras' Theorem and Similar Shapes)
节名称	2.6 直角三角形 2.7 探索勾股定理 2.8 直角三角形全等的判定	3.2 三角形 (Triangles) 11.1 毕达哥拉斯定理 (Pythagoras' Theorem) 11.4 理解全等 (Understanding Congruence)
节总页数	15	14
章总页数	42	54

由表 4-34 可知，两版教材均安排三节内容且内容的页数基本相同，但浙教版"直角三角形"内容在整章所占比例为 35.71%，ETB 版为 25.93%，"直角三角形"内容在浙教版中所占比例明显高于 ETB 版。

2) 设计特征比较

(1) 版面设计比较　从装帧色彩、字体间距、留白、提示语、节引言等方面比较两版教材"直角三角形"内容的版面设计，得到表 4-35。

表 4-35　两版教材的版面设计

	浙教版	ETB 版
装帧色彩	平装，部分彩色，以黑白为主	精装，彩色
字体间距	字体和行距适中	字体和行距适中
留白	较少	较少
提示语	主要在章节后	主要分布在知识点旁边
节引言	以问题为主，重在启发	以阐述为主，重在了解

由表 4-35 可知，第一，两版教材的字体和行距适中，便于学生的阅读。ETB 版在装订上更多采用彩色字体和图片，或用不同颜色进行标示，更加突出知识点；

浙教版更多采用黑白字体和图片，相对而言略显单调。对于初中学生而言，将教材设计成彩色，并用多种颜色对知识点进行强调，更能吸引学生的注意力，提高学习兴趣(陈颖，2014)。第二，浙教版的节引言多选取实际生活问题，引起学生思考，重在启发；ETB 版更多阐述知识的应用方面，引起学生兴趣，重在实用。第三，两版教材的留白都较少。在提示语、知识技能要求方面，浙教版的数量少且类型单调，知识与技能要求在章末习题上方呈现(图 4-31)；ETB 版的提示语数量多且类型多样，如关键词(Key Word)、技巧(Tip)等，并且分布在相应的知识点或者例题旁边(图 4-32)，知识技能目标呈现在章节前，这样安排，有利于降低学习的难度，便于学生根据自身能力选择合适的方法进行学习。

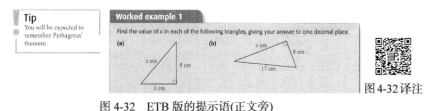

图 4-31　浙教版的提示语(章末)

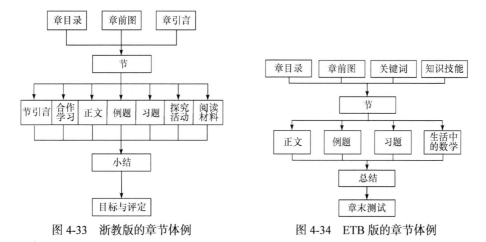

图 4-32　ETB 版的提示语(正文旁)

图 4-32 译注

(2) 体例结构比较　对两版教材"直角三角形"内容的章节体例进行比较，得到图 4-33 和图 4-34。

图 4-33　浙教版的章节体例　　　　图 4-34　ETB 版的章节体例

由图 4-33、图 4-34 可知，两版教材都是按照"章—节—小结—章末测试"的顺序编排教材内容，但在具体内容处理上，各具特色。

从章头比较。浙教版包括章目录、章前图和章引言三部分，其中章前图包含丰富的教学资源，能让学生感受数学与生活的联系，增加学习兴趣，章目录和章引言的设置便于学生对整章内容的把握。ETB 版从学生角度出发，给出关键词，列出本章知识技能要求，使学生明确本章学习的内容和目的，提高学习效率。

从节结构上比较。浙教版的设计更加丰富，除了两版教材都具有的正文、例题和习题外，还包括合作学习、探究活动等，更加重视数学基本能力的培养，而 ETB 版在这一方面相对欠缺，但是值得注意的是，它设置了"生活中的数学"栏目，更能凸显数学来源于生活，又运用于生活的理念。

从章末小结与测试上比较。浙教版采用填空的形式(图 4-35)，让学生自己回忆勾股定理，加深知识的记忆，ETB 版直接列出斜边与勾股定理的概念(图 4-36)。另外，在章末测试方面，ETB 版将其分为考试试题类型题目与考试真题两类，优选历年考试真题，帮助学生打好基础，进行高效系统的复习并适应考试。

> 11. 勾股定理: 直角三角形两条直角边的___等于___的平方.
> 勾股定理的逆定理: 如果三角形中两边的___等于第三边的___, 那么这个三角形是直角三角形.

> Do you know the following?
> ● The longest side of a right-angled triangle is called the hypotenuse.
> ● The square of the hypotenuse is equal to the sum of the squares of the two shorter sides of the triangle.

图 4-35　浙教版的章末小结　　　　图 4-36　ETB 版的章末小结　　　　图 4-36 译注

3) 章节编排顺序比较

将两版教材"直角三角形"内容所在章节进行比较，得到表 4-36。

表 4-36　两版教材的章节编排顺序

浙教版		ETB 版	
章	节	章	节
三角形的初步认识	1.1 认识三角形 1.2 定义与命题 1.3 证明 1.4 全等三角形 1.5 全等三角形的判定 1.6 尺规作图	线、角和形 (Lines, Angles and Shapes)	3.1 线和角 (Lines and Angles) 3.2 三角形 (Triangles) 3.3 四边形 (Quadrilaterals) 3.4 多边形 (Polygons) 3.5 圆 (Circles) 3.6 构造 (Construction)

续表

浙教版		ETB 版	
章	节	章	节
特殊 三角形	2.1 图形的轴对称 2.2 等腰三角形 2.3 等腰三角形的性质定理 2.4 等腰三角形的判定定理 2.5 逆命题与逆定理 2.6 直角三角形 2.7 探索勾股定理 2.8 直角三角形全等的判定	毕达哥拉斯定理和相 似形 (Pythagoras' Theorem and Similar Shapes)	11.1 毕达哥拉斯定理 (Pythagoras' Theorem) 11.2 理解相似三角形 (Understanding Similar Triangles) 11.3 理解相似图形 (Understanding Similar Shapes) 11.4 理解全等 (Understanding Congruence)

由表 4-36 可知，浙教版的章与章之间存在联系，知识的呈现顺序与学习顺序是逐步推进的(门永秀，李孝诚，2015)，先学习三角形，再学习三角形全等，最后是特殊三角形(包括直角三角形)，而 ETB 版的内容较为分散，三角形与特殊三角形安排在第一单元，三角形全等安排在相似图形之下，将知识按照模块进行编排。但两版教材关于直角三角形主线知识的安排顺序一致，都是先介绍直角三角形，再介绍勾股定理，最后运用勾股定理进行直角三角形全等的判定。

3. 微观比较

1) 知识目标水平比较

根据知识目标水平分析框架，分别计算两版教材"直角三角形与勾股定理"内容的知识深度，得到表 4-37，发现两版教材的知识数量基本相同，这部分内容要求最多的知识目标水平都是掌握与运用。从知识深度来说，浙教版的数值更大，对学生的要求更高。

表 4-37　两版教材的知识目标水平

知识广度		知识目标水平		目标水平百分比/ %		知识深度	
		浙教版	ETB 版	浙教版	ETB 版	浙教版	ETB 版
		5	4	/	/	2.60	2.25
知识目标 水平	了解	1	1	0.20	0.25		
	理解	0	1	0	0.25		
	掌握与运用	4	2	0.80	0.5		

2) 知识呈现方式比较

根据知识呈现方式分析框架，对两版教材"直角三角形""勾股定理"内容的呈现方式进行比较，得到表 4-38 和表 4-39。

表 4-38　两版教材"直角三角形"的知识呈现方式

	浙教版	ETB 版
知识导入	在由七巧板拼成的图案中，找出直角三角形	无，直接进入正文内容
知识体验	思考：直角三角形两个锐角和为多少度？ 做一做：直角三角形斜边上的中线有什么性质？	思考：根据边的长度或者角的大小进行三角形的分类
知识表征	语言、字母、符号　直角三角形的定义、表达方式及性质	语言　直角三角形的定义
知识讲解	三角形三个内角的和为 180°	无
知识应用	例 1 利用直角三角形斜边上的中线等于斜边的一半，求滑雪运动员下降高度	例 5 (b)一个角为 90°的等腰三角形的两个锐角为多少度？
知识扩展	直角三角形的性质	无

　　由表 4-38 可知，在知识导入方面，浙教版通过观察七巧板，让学生直观感受直角三角形，激发学习兴趣，而 ETB 版没有这一安排，稍显单调。在知识体验与知识扩展方面，两版教材都采用提问形式，得到结论，更加注重学生的主体性，不同之处在于，ETB 版缺少知识扩展。在知识表征方面，ETB 版只用语言阐述直角三角形的定义，浙教版采用语言、字母等多种表征方式，有利于学生对知识的理解与掌握。在知识讲解与知识应用方面，只有浙教版解释了直角三角形两锐角互余的性质，但两版教材的例题都是对性质或定义的运用。

表 4-39　两版教材"勾股定理"的知识呈现方式

	浙教版	ETB 版
知识导入	第 24 届国际数学家大会的会标	古埃及人以固定间隔在绳上打结，会产生一个直角
知识体验	合作学习：四个全等的直角三角形，两直角边长为 a ， b ，斜边长为 c ，拼成一个边长为 c 的正方形，并计算图形面积	无
知识表征	语言、字母　勾股定理的概述和表示	语言、字母　毕达哥拉斯定理的概述和表示
知识讲解	两种方法计算上述正方形的面积，可得到：$a^2 + b^2 = c^2$ ，即直角三角形两条直角边的平方和等于斜边的平方	无
知识应用	例 1 利用勾股定理，求直角三角形任意一边的长 例 2 利用勾股定理，求一个长方形零件两孔中心之间的距离	例 1(a)(b) 利用毕达哥拉斯定理，求直角三角形任意一边的长
知识扩展	无	无

　　由表 4-39 可知，在知识导入方面，浙教版通过介绍第 24 届国际数学家大会的会标来引出勾股定理在数学上的重要地位，ETB 版通过对古埃及人以固定间隔在绳上打结来获得直角三角形的描述，引入毕达哥拉斯定理，两者的引入方式都

能增加数学学习的趣味性。在知识体验与知识讲解方面,浙教版有一个探索与证明的过程,在勾股定理的学习上更具严谨性,更重视学生的思维训练,而 ETB 版缺少这两个过程。在知识表征方面,两版教材都采用语言与字母对定理进行概括和表述,不同之处在于浙教版通过引入数学史的内容来介绍"勾股定理"名称的由来,ETB 版则强调学生对直角边、斜边等细节的把握。最后,在知识应用与知识扩展方面,两版教材大致相同,例题都是对定理的运用,但都缺乏知识扩展。

3) 知识背景比较

根据知识背景分析框架,比较两版教材"直角三角形与勾股定理"内容的知识背景,得到表 4-40。

表 4-40　两版教材的知识背景

	浙教版	ETB 版
生活背景	5	6
文化背景	2	1
科学背景	0	0
数学背景	28	26

根据表 4-40 绘制相应的圆饼图 4-37 和图 4-38。

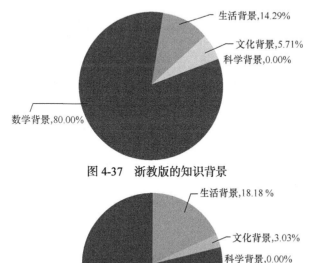

图 4-37　浙教版的知识背景

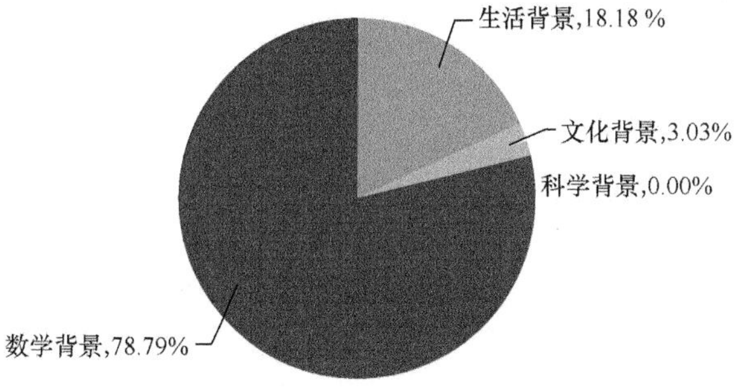

图 4-38　ETB 版的知识背景

　　由图 4-37 和图 4-38 可知，两版教材"直角三角形与勾股定理"内容的知识背景都只涉及生活背景、文化背景和数学背景三个方面，并没有涉及科学背景。从具体知识背景所占比例来看，两版教材的数学背景所占比例最大。而且浙教版生活背景的比例低于 ETB 版，这说明 ETB 版注重数学与实际生活的联系。

　　4) 例题和习题综合难度比较

　　引用鲍建生课程综合难度比较模型，对两版教材"直角三角形与勾股定理"内容的例题和习题综合难度进行比较。首先对该部分内容的例题和习题进行数量统计，并对每个例题和习题进行水平划分，得到表 4-41 和表 4-42。

表 4-41　两版教材的例题和习题数量

	浙教版	ETB 版
总数	30	29

　　由表 4-41 可知，两版教材的例题和习题总数基本相等，安排的练习量适当。

表 4-42　两版教材的例题和习题难度因素

难度因素	等级水平	赋值	浙教版	ETB 版
探究	实际	1	13	18
	理解	2	17	11
	探究	3	0	0
背景	无背景	1	26	23
	个人生活	2	2	5
	公共常识	3	2	1
	科学情境	4	0	0
运算	无运算	1	3	0
	数值计算	2	24	26
	一步符号运算	3	3	3
	两步符号运算	4	0	0

续表

难度因素	等级水平	赋值	浙教版	ETB 版
推理	无推理	1	14	22
	一步推理	2	6	3
	两步推理	3	8	2
	三步推理	4	2	2
知识含量	一个知识点	1	18	24
	两个知识点	2	8	3
	三个知识点	3	2	2
	四个知识点	4	2	0

根据表 4-42,计算每个难度因素的加权平均值,得到表 4-43,并绘制图 4-39。

表 4-43　两版教材例题和习题难度因素的加权平均值

	探究	背景	运算	推理	知识含量
浙教版	1.57	1.20	2.00	1.93	1.60
ETB 版	1.38	1.24	2.10	1.45	1.24

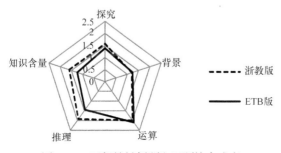

图 4-39　两版教材例题和习题综合难度

由表 4-43 和图 4-39 可知,两版教材在运算上的数值较高,在背景上的数值较低,说明两版教材都重视基础训练,致力于更好地发展学生的运算能力,而不太重视例题和习题与知识背景的结合。从单个因素来看,ETB 版在运算上的值最高,其余四个难度因素相对均衡,这表明其除了注重学生的运算能力外,也重视学生推理能力、探究能力等均衡发展。浙教版虽然在探究、推理以及知识含量这三个方面的数值都比 ETB 版的数值要高,但其难度因素之间的数值相差较大,可能如何更好平衡这些因素之间的数值需要进一步研究。总体来看,浙教版的例题和习题难度高于 ETB 版。

4. 研究结论与建议

1) 设置本章的知识技能要求，提高学习效率

为了让学生从整体上把握章节知识体系，教材编写可以参考 ETB 版的做法，在章前设置本章知识技能要求，使学生明确本章学习的内容和目的，能根据自己的能力水平恰当地选择学习方法，降低学习的难度，学习时起到事半功倍的效果。

2) 优选历年试题，提高学生学习效果

在章末练习部分方面，两版教材有着较大的区别。由于优秀的试题经过反复的筛选、测试，其权威性、规范性和考点的全面性都是普通例题和习题无法比拟的。因此教材在章末习题的设置上可以借鉴 ETB 版，除了常规练习题外，还可以选择一些优秀的试题，帮助学生打好基础、领会知识实质、进行高效系统的复习，以提高学生学习的效果。

3) 丰富教材科学背景，加强与实际生活的联系

教材编写要重视丰富其科学背景，跨学科的综合活动能让学生感受数学的广泛用途，拓宽学生学科学习的视野。同时，在知识背景的设置上可以学习 ETB 版，加强数学与实际生活的联系，把数学作为工具，用数学解决实际问题，真正贯彻"数学来源于生活，又运用于生活"的理念。

4) 注重例题和习题的设置，加强与背景的结合

浙教版的例题和习题数量适当、整体难度因素值较高，但没有把握好五个难度因素之间的平衡，偏向于运算与推理两方面，比较忽视例题和习题与背景的结合。因此例题和习题的编写应考虑五个难度因素的均衡，更多地与背景结合，使学生通过例题和习题的训练，能在数学能力与数学素养上得到整体、均衡发展。

4.4　中新数学教材比较研究

1. 研究对象

相似三角形是初中数学的重要几何内容，具有很强的应用价值。古希腊数学家、哲学家泰勒斯曾使用相似三角形的方法，测量埃及金字塔以及尼罗河的长度。本部分选择中国浙教版九年级上册教材、人教版九年级下册教材与新加坡 NEM 版《新数学(3)》教材，采用文献研究法和比较研究法，从宏观和微观两个角度对三版教材"相似三角形"内容进行定性与定量分析，探寻三版教材内容编排的异同点。

2. 宏观比较

1) 编排顺序比较

将三版教材"相似三角形"内容的编排顺序进行对比,得到表 4-44。

表 4-44　三版教材的编排顺序

版本	中国		新加坡
	浙教版	人教版	NEM 版
上行单元	第 3 章　圆的基本性质	第二十六章　二次函数	第 6 章　数据分析 (Chapter 6 Data Analysis)
单元名称	第 4 章　相似三角形	第二十七章　相似	第 7 章　全等三角形和相似三角形 (Chapter 7 Congruent and Similar Triangles)
单元大纲	4.1　比例线段 4.2　由平行线截得的比例线段 4.3　相似三角形 4.4　两个三角形相似的判定 4.5　相似三角形的性质及其应用 4.6　相似多边形 4.7　图形的位似 ● 课题学习　精彩的分形 ● 小结 ● 目标与评定	27.1　图形的相似 27.2　相似三角形 27.2.1　相似三角形的判定 27.2.2　相似三角形应用举例 27.2.3　相似三角形的周长和面积 (观察与猜想 奇妙的分形图形) ■27.3　位似 ■教学活动 ■小结 ■复习题 27	7.1　全等三角形 (Congruent Triangles) 7.2　全等三角形测试 (Test for Congruent Triangles) 7.3　相似三角形 (Similar Triangles) 7.4　相似三角形测试 (Test for Similar Triangles) 7.5　全等三角形和相似三角形在实践中的应用 (Congruent and Similar Triangles in Practical Situations)
下行单元	第 5 章　解直角三角形	第二十八章　锐角三角形	第 8 章　相似图形与相似体的面积和体积 (Chapter 8 Area and Volume of Similar Figures and Solids)

　　由表 4-44 可知,浙教版"相似三角形"章节的上行和下行单元均为图形与几何内容,上行知识为圆的基本概念和圆的基本性质;下行知识为解直角三角形,学习关于三角形角、边、高的问题。人教 A 版"相似三角形"内容位于第二十七章,上行知识是二次函数,下行知识是锐角三角形。NEM 版"相似三角形"内容位于第 7 章全等三角形和相似三角形第 3.4.5 节,上行知识为全等三角形的特征和概念,以及证明三角形全等的方法;下行知识为求相似图形与相似体表面积和体积的方法。浙教版与人教版的下行单元都涉及解直角三角形内容,可见中国两版教材的知识教授顺序为"相似—相似三角形—锐角三角形—解直角三角形",而NEM 版则是"全等三角形—相似三角形—相似图形—相似图形和立方体的面积和

体积"，存在一定差异。在涉及相似三角形内容的章节里，浙教版与人教版均没有全等三角形内容，而 NEM 版涉及全等三角形知识。

2）内容分布比较

比较三版教材"相似三角形"章节的内容分布，得到表 4-45。

表 4-45 三版教材的内容分布

中国					新加坡	
浙教版		人教版			NEM 版	
第4章 相似三角形		第二十七章 相似			第7章全等三角形和相似三角形 (Chapter 7 Congruent and Similar Triangles)	
4.1 比例线段	成比例线段定义	27.1 图形的相似	相似图形定义	7.1 全等三角形 (Congruent Triangles)	例题(Example)	
	黄金分割比定义		思考		解答(Solution)	
	课内练习		课内练习		试一试! (Let's try!)	
	作业题		思考、探究		练习(Exercise)	
4.2 平行线截得的比例线段	相似比		课内练习	7.2 全等三角形测试 (Test for Congruent Triangles)	SSS	
	课内练习		作业题		SAS	
	作业题	27.2 相似三角形	27.2.1 相似三角形的判定	相似三角形定义		RHS
	相似系数定义			探究平行线分线段成比例定理		ASA
4.3 相似三角形	课内练习			探究证明 SSS		AAS
				探究证明 SAS	7.3 相似三角形 (Similar Triangles)	练习(A,B,C 组) (Exercise (Group A B C))
	作业题			思考相似反例 AAS		课内活动 (In-class Activity)
4.4 两个三角形相似的判定	ASA、AAS 定义			课内练习		例题(Example)
	SAS 定义			探究证明 AAS		练习(A,B 组) (Exercise (Group A B))
	SSS 定义			思考 HL		课内活动 (In-class Activity)
	课内练习		27.2.2 相似三角形应用举例	例题	7.4 相似三角形测试 (Test for Similar Triangles)	例题(Example)
	作业题(C 组练习题中有给出 RHS)			课内练习		练习(A,B,C 组) (Exercise (Group A B C))

续表

中国				新加坡	
浙教版		人教版		NEM 版	
第 4 章　相似三角形		第二十七章　相似		第 7 章全等三角形和相似三角形 (Chapter 7 Congruent and Similar Triangles)	
4.5 相似三角形的性质及其应用	相似周长比、面积比	27.2.3 相似三角形的周长和面积	思考(相似比与周长比的关系)	7.5 全等三角形和相似三角形在实践中的应用 (Congruent and Similar Triangles in Practical Situations)	例题(Example)
	课内练习		探究		练习(A,B 组) (Exercise (Group A B))
	作业题		课内练习		总结(Summary)
4.6 相似多边形	相似多边形周长比、面积比		作业题		
4.7 图形的位似	位似图形定义	27.3 位似	位似图形定义		章节回顾的问题 (Questions for Chapter Review)
	位似比定义		探究(位似比)		
	课内练习		课内练习		探究任务(Exploration Task)
	作业题		作业题		
习题		习题		习题	

　　由表 4-45 可知，与 NEM 版教材相比，中国两版教材对知识点的介绍更为详细，例如浙教版用 5 个小节说明相似三角形的概念和性质，4.1 节介绍与比例线段相关的知识，为接下去的课程内容起到铺垫作用，4.3 节对相似三角形的定义进行描述；4.4 节介绍相似三角形的相关性质的判定；4.5 节对书本所学知识与现实生活抽象出来的模型，进行深入的探究，学以致用，整个逻辑框架比 NEM 版更加缜密，且融入了现实背景的习题。

　　NEM 版的最大特点就是具有丰富的案例分析,在课堂引入环节将更多的时间交到学生手中，放手让学生独立思考、合作讨论，培养学生主动的学习习惯，并且在教材编写上非常简洁明了，使得教师有更多时间与学生讨论有关课本知识的衍生问题；NEM 版经常采用复习旧知的方式引入新知，例如在引入阶段提示学生已经在中学二年级学习了相似图形的概念。另外，NEM 版使用案例与测试相结合的方式，提供学生自学课程内容的机会，并且有利于学生自主探究和问题解决能力的养成，而中国两版教材在这方面的设置不够简约。NEM 版善于运用"循序渐进"的方式提高学生分析数学问题的能力，如图 4-40 所示，这是一道分析证明题，教材习题将其解剖为多道小题，逐步引导学生思考如何解决问题。

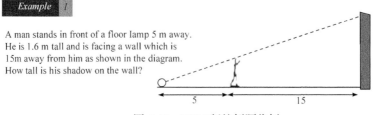

图 4-40　NEM 版的例题范例　　　　　　　图 4-40 译注

3. 微观比较

根据微观比较框架，分析三版教材"相似三角形"内容的知识点，得到表 4-46。

表 4-46　三版教材微观比较的量化数据

版本	中国						新加坡		
	浙教版			人教版			NEM 版		
编号	思维水平	知识呈现	知识背景	思维水平	知识呈现	知识背景	思维水平	知识呈现	知识背景
1	1	1	1	2	1	4	1	1	4
2	1	2	4	1	2	4	1	2	4
3	2	3	4	3	3	4	2	6	4
4	3	5	1	2	4	4	2	5	4
5	2	6	1	1	2	4	2	5	4
6	2	2	4	3	4	4	2	5	4
7	2	1	4	1	2	4	1	1	4
8	3	4	4	3	2	4	2	2	4
9	3	5	4	2	2	4	1	2	4
10	3	5	4	2	2	4	2	6	1
11	2	6	4	2	6	4	3	5	4
12	2	6	4	2	6	4	1	1	4
13	2	1	4	2	6	4	1	2	4
14	3	4	4	1	1	1	2	2	4
15	3	5	4	2	2	4	2	2	4
16	3	5	4	3	5	4	2	6	4

续表

版本	中国						新加坡		
	浙教版			人教版			NEM 版		
编号	思维水平	知识呈现	知识背景	思维水平	知识呈现	知识背景	思维水平	知识呈现	知识背景
17	2	6	4	2	4	4	3	5	4
18	2	6	4	2	6	4	3	5	4
19	/	/	/	2	6	4	3	7	4

根据表 4-46，绘制图 4-41—图 4-43，其中横坐标表示教材呈现的知识点的纵向编排顺序，纵坐标表示对应知识点的各维度赋值。

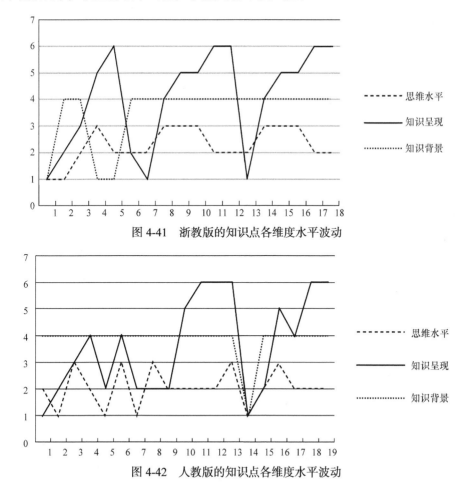

图 4-41　浙教版的知识点各维度水平波动

图 4-42　人教版的知识点各维度水平波动

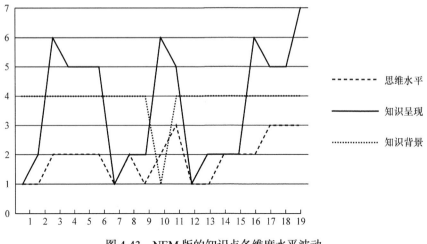

图 4-43　NEM 版的知识点各维度水平波动

1) 知识思维水平比较

在思维水平上，浙教版在水平 1 以上的知识点出现 16 次，人教版出现 15 次，而 NEM 版出现 13 次。其中，人教版在思维水平 3 上出现 5 次，浙教版出现 7 次，NEM 版出现 4 次，这说明中国两版教材在编写上对学生的思维水平要求较高；但 NEM 版比中国两版教材更注重从整体认识几何知识，学生成为活动的主体，通过动手操作和观察思考建立起数学几何模型，并且以回顾旧知的方式引入新知。

2) 知识呈现方式比较

浙教版在知识应用上出现 12 次，人教版出现 10 次，NEM 版出现 10 次，这说明中国两版教材更加重视知识的实践与应用。与此同时，NEM 版知识应用的 9 个知识点中有 6 个是例题，并且充满对数学问题的思考，浙教版 12 个知识点中有 5 个，人教版有 2 个，说明 NEM 版更多关注的是例题讲解。此外，三版教材只有 NEM 版出现知识拓展环节，且该知识点的背景源于数学背景，思维水平属于理论性水平，说明 NEM 版除了满足大多数学生的需要之外，还照顾到了部分追求更高数学水平的学生。

3) 知识背景比较

在知识背景维度上，NEM 版的知识背景取值大都为 4，除了一个知识点为 1；而中国两版教材对应的知识背景取值多为 4，人教版和浙教版都提取较多的生活题材，用来引出相应的学习内容，说明中国两版教材比较注重数学与生活的联系。但是，三版教材都只有生活背景和数学背景，其他两个背景没有出现，并且在出现的两个背景当中，数学背景占据主导地位，这说明三版教材比较重视学生数学基本素养，从学生已有的逻辑框架出发，在原有知识的基础上与新的数学知识构建新的桥梁。

4) 习题难度比较

引用鲍建生课程综合难度模型，计算三版教材的习题在每个难度因素上的加权平均值，得到表 4-47。

表 4-47　三版教材的习题难度因素

难度因素	等级水平	题量与百分比	浙教版	人教版	NEM 版
背景	无	题量	29	19	50
		百分比	87.88%	95.00%	100%
	个人生活	题量	3	0	0
		百分比	9.09%	0.00%	0.00%
	公共常识	题量	0	0	0
		百分比	0.00%	0.00%	0.00%
	科学情境	题量	1	1	0
		百分比	3.03%	5.00%	0.00%
	加权平均		1.18	1.15	1.00
数学认知	操作	题量	4	2	12
		百分比	12.12%	10.00%	24.00%
	概念	题量	17	6	25
		百分比	51.52%	30.00%	50.00%
	领会-说明	题量	9	8	11
		百分比	27.27%	40.00%	22.00%
	分析-探究	题量	3	4	2
		百分比	9.09%	20.00%	4.00%
	加权平均		2.33	2.70	2.06
运算	无运算	题量	3	2	12
		百分比	9.09%	10.00%	24.00%
	数值计算	题量	7	2	9
		百分比	21.21%	10.00%	18.00%
	简单符号运算	题量	18	10	24
		百分比	54.55%	50.00%	48.00%

续表

难度因素	等级水平	题量与百分比	浙教版	人教版	NEM 版
运算	复杂符号运算	题量	5	6	5
		百分比	15.15%	30.00%	10.00%
	加权平均		2.76	3.00	2.44
推理	无推理	题量	2	1	12
		百分比	6.06%	5.00%	24.00%
	简单推理	题量	25	13	32
		百分比	75.76%	65.00%	64.00%
	复杂推理	题量	6	6	6
		百分比	18.18%	30.00%	12.00%
	加权平均		2.12	2.25	1.88
知识综合	一个	题量	17	13	35
		百分比	51.52%	65.00%	70.00%
	两个	题量	14	6	15
		百分比	42.42%	30.00%	30.00%
	三个以上	题量	2	1	0
		百分比	6.06%	5.00%	0.00%
	加权平均		1.55	1.40	1.30

根据表 4-47,绘制图 4-44。

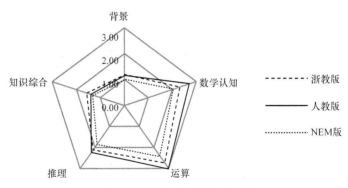

图 4-44　三版教材习题综合难度

由表 4-47 和图 4-44 可知,三版教材的知识综合和数学背景水平明显偏低,使得图中显示出一个三角形。这说明初中教材有别于高中教材，初中教材注重基本知识、基本技能的养成，到高中阶段，除了图形与几何课程以外，更注重理论深度的提高，进入从初等数学到高等数学的过渡阶段。因此，初中教材更偏向问题运算等方面，对知识的综合运用不做过多要求。与中国两版教材相比，NEM 版相对比较平衡，但都比较偏重于"运算"因素。

4. 研究结论与建议

1) 丰富案例分析，引导学生独立思考，培养学生的合作精神

NEM 版与中国两版教材相比的最大特点就是具有丰富的案例分析，在课堂引入环节将更多的时间交到学生手中，放手让学生独立思考、合作讨论，培养学生主动的学习习惯；同时，善于运用"循序渐进"的方式提高学生分析数学问题的能力。虽然 NEM 版的难度并不大，但前后逻辑衔接非常鲜明，让人回味无穷。相比之下，人教版和浙教版显得放不开手，也不够简约。

2) 注重"双基"培养，适当扩充知识背景

三版教材均注重"双基"的培养，例如，NEM 版引入相似三角形的角度和边长的计算，从观察图形的变换、计算图形的角度和边长，比较探究讨论得出相似三角形的性质；人教版在引入相似三角形内容时，直接从先前的知识引入，进行前后框架的搭建，得出相似三角形的相关定理和结论。三版教材将更多时间用于课后习题的练习当中，也体现了注重"双基"的特点。从知识背景来看，中国两版教材主要以数学背景为主，科学背景、文化背景和生活背景相对欠缺。

3) 发扬"双基"传统优势，加强五个因素之间的平衡

在教材例题的背景、运算、推理因素上，人教版和浙教版的数值略高于 NEM 版，尤其是运算因素，这突出反映了中国课程在基础知识和基本技能上的优势。但从两国综合难度比较来看，NEM 版相对比较平衡，因此中国教材在编写时要注重习题难度因素之间的平衡。

4.5　中美英日数学教材比较研究

1. 研究对象

在数学的浩瀚海洋里，能广为人知又自带娱乐色彩的数学定理也许非"勾股定理"莫属(王海青等，2018)，而勾股定理又是蕴含数学学科和数学核心素养发展双重价值的重要内容，早已成为大多数国家初中数学教科书内容中的必选(项武义，2009)。选择中国浙教版八年级上册教材、人教版八年级下册教材、北

师大版八年级上册教材，美国 CMH 版《加州数学：概念、技能和问题解决》，英国 ETB 版《数学核心与扩展教材》与日本 JZS 版《新数学》教材，采用文献研究法和比较研究法对六版教材"勾股定理"内容进行定性与定量分析，探寻六版教材内容编排的异同点。[①]

2. 定理比较

1) 定理发现比较
比较六版教材"勾股定理"内容关于定理发现的途径，得到表 4-48。

表 4-48　六版教材定理发现的途径

	直接给出	通过特例	直观演绎	逻辑演绎
浙教版			√	
人教版		√		
北师大版		√		
CMH 版		√		
ETB 版	√			
JZS 版		√		

由表 4-48 可知，ETB 版直接给出定理，浙教版通过直观演绎发现定理，而其他四个版本教材均是从特例中发现定理。可见，从"特殊"到"一般"的设计思路被更多的教材编写者所青睐。究其缘由，可能是因为新授课教学时，新的思维方式会给学生带来一定的冲击感(Moutsios-Rentzos et al.，2014)，以致学生在短时间内难以理解。而对于正处在形式化思维转变时期的八年级学生来说，先通过特殊的具体实例猜想定理内容，再进一步过渡到抽象程度更高的一般性结论验证，这是更易接受的思路。

具体分析教材内容可知，浙教版采用将 4 块全等直角三角形纸片(直角三角形三边依次为 a,b,c)拼接成一个正方形的方式，通过计算内外 2 个正方形面积之差与 4 个直角三角形面积之和相等的关系来发现勾股定理。

JZS 版通过让学生观察"当边 $b=1$ 时，a 长度逐渐'+1'，正方形的面积如何变化？从中能发现什么？"，并罗列统计表的方式(图 4-45)，便于学生发现定理。

---

① 为了凸显教材关于数学定理内容的编排特点，本节内容特别从定理发现、定理描述、定理论证、定理应用以及定理历史五个维度进行比较，不选用前文所述的宏观和微观比较框架。

图 4-45　JZS 版的定理发现　　　　　　图 4-45 译注

　　但这样的安排方式存在一定问题，学生照着教师给出的具体操作步骤一步步往下进行时，发现定理的过程更像是一种被预先安排好的"验证"过程，缺少让学生进一步分析、解决问题的过程，学生主动思考、探索问题的意愿不强。

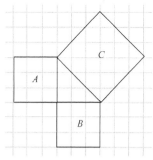

　　人教版、北师大版、CMH 版均通过在网格中探究某个具体直角三角形三条边上的三个正方形(以该三角形三边为边长)面积之间的数量关系，得出直角三角形的三边关系(图 4-46)，即通过"正方形面积关系"推断"直角三角形三边关系"。不同之处在于，CMH版在展示图 4-46 的发现思路之前，还设计了一个"图形切割"的活动(图 4-47)，

图 4-46　人教版、北师大版、CMH 版的定理发现

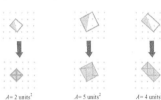

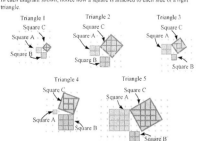

图 4-47　CMH 版的"图形切割"活动　　　　　　图 4-47 译注

使得学生在如何求正方形 C 的面积时可以运用切割图形求面积的方法，起到良好的"脚手架"作用。

综上，结合六版教材定理发现方式的比较，图 4-46 的引入方式更为切实可行。但在实际教学过程中，教师可以考虑事先设计一个涉及"割形"思想的教学环节，引导学生体会"割形"思想，学生手中有了"武器"，自然不会畏惧后续正方形面积的求解，而且"割形"思想会带动学生进行思维的创新，自然地迸发出"补形"的思想，一割一补，激发学生自主探索的乐趣，为定理的发现降低了难度，也为后续定理证明做好铺垫。

2) 定理描述比较

浙教版、CMH 版、ETB 版三版教材关于勾股定理的描述均位于定理论证之后，而人教版、北师大版、JZS 版对勾股定理的描述则位于定理发现与定理论证之间。除了对六版教材定理描述的位置统计以外，具体就各版教材对定理描述的表征类型进行统计，得到表 4-49。

表 4-49　六版教材的定理表征

	文字表征	符号表征	图形表征
浙教版	√	√	
人教版	√	√	√
北师大版	√	√	
CMH 版	√	√	√
ETB 版	√	√	√
JZS 版	√	√	√

由表 4-49 可知，CMH 版(图 4-48)、JZS 版(图 4-49)和 ETB 版(图 4-50)在进行

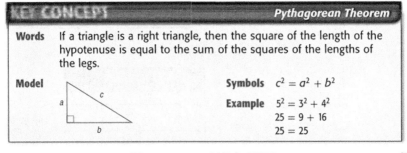

图 4-48　CMH 版的定理描述　　　　　　　图 4-48 译注

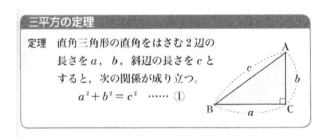

图 4-49　JZS 版的定理描述　　　　　　图 4-49 译注

定理描述时均采用了文字、符号、图形三者相结合的表征方式,且其文字表征以不同颜色字体或下划线进行突出显示,在一定程度上提示学生勾股定理的重要性,表明这是需要识记的内容。

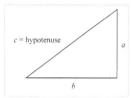

Learning the rules

Pythagoras' theorem describes the relationship between the sides of a right-angled triangle. The longest side - the side that does not touch the right angle - is known as the hypotenuse. For this triangle, Pythagoras' theorem states that: $a^2+b^2=c^2$
In words this means that the square on the hypotenuse is equal to the sum of the squares on the other two sides. Notice that the square of the hypotenuse is the subject of the equation. This should help you to remember where to place each number.

图 4-50　ETB 版的定理描述　　　　　　图 4-50 译注

中国的三版教材中仅有人教版在进行定理描述时涉及三类表征方式,浙教版、北师大版均缺少图形表征。由内在认知负荷理论可知,图式的建构有助于我们的大脑将原本相互独立的若干元素组织成一种单一元素,从"有意识的努力"转向"无须有意注意",使信息的加工从"受控加工"转向"自动加工",进而有效降低大脑工作记忆负担(李爽等,2017)。因此,实际教学中在进行定理描述时,可以采用文字、图形、符号三种表征有机结合的方式,减少学生的认知负担。

3) 定理论证比较

比较六版教材"勾股定理"内容的定理论证维度,得到表 4-50。验证指通过直观推理对勾股定理进行论证,如仅通过检验多个直角三角形三边平方的数量关系来论证;证明指根据已有条件,运用几何性质、定理与代数运算等对其进行逻辑演绎论证(宋运明,2017)。

表 4-50　六版教材的定理论证

	无论证	验证	证明
浙教版			√
人教版			√
北师大版			√

	无论证	验证	证明
CMH 版		√	
ETB 版	√		
JZS 版			√

由表 4-50 可知，ETB 版缺少论证，CMH 版采用"验证"的方式，另外四个版本教材都采用严格的"证明"。经统计，四版教材中都包含勾股定理的严格证明方式，说明大多数教材编写者以及课程专家们在定理证明上，均认为本堂课中开展勾股定理的证明是必不可少的。从古至今，人们对于勾股定理的证明方法层出不穷，各式各样的证法中也蕴含着割补、类比、归纳、数形结合等多种数学思想方法，体现着数学学科的严谨性，展现了数学学科独特的魅力所在，让学生体验定理的不同证法，有效促进学生发散性思维、创新性思维的生长。

具体分析六版教材关于勾股定理的证明思路，将图形相同的证明思路视为同一种(图 4-51—图 4-61)，并统计各版教材中所包含的证明思路数量，得到表 4-51。

表 4-51　论证思路统计

	无论证	1 种	2 种	3 种	3 种以上
浙教版		√			
人教版					√(4 种)
北师大版					√(6 种)
CMH 版		√			
ETB 版	√				
JZS 版					√(5 种)

由表 4-51 可知，人教版、北师大版、JZS 版的论证思路均在 3 种以上，可见在实际教学过程中引导学生领略勾股定理多种证明方法的必要性。其中，六个版本教材论证思路多基于图 4-51 和图 4-53，分别出现 6 次和 4 次。这两种论证思路均用到"拼图"的方法，与我国古代"出入相补原理"有异曲同工之妙，即先将图形进行剪拼，然后运用图形面积关系来证明定理。而对于图 4-55—图 4-59，受限于一节课的时间，显得较为紧凑，且相较于八年级学生思维而言，较难通过学生自身思考得到，故这些证明思路可作为学生课后思维拓展的内容。此外，JZS版(图 4-60)、CMH 版(图 4-61)运用"三角形相似"的知识去证明定理。在实际教学中，图 4-51—图 4-54 的证明是要求所有学生理解并掌握的，而图 4-55—图 4-61的证明思路，可作为学生思维拓展内容，学生了解即可。

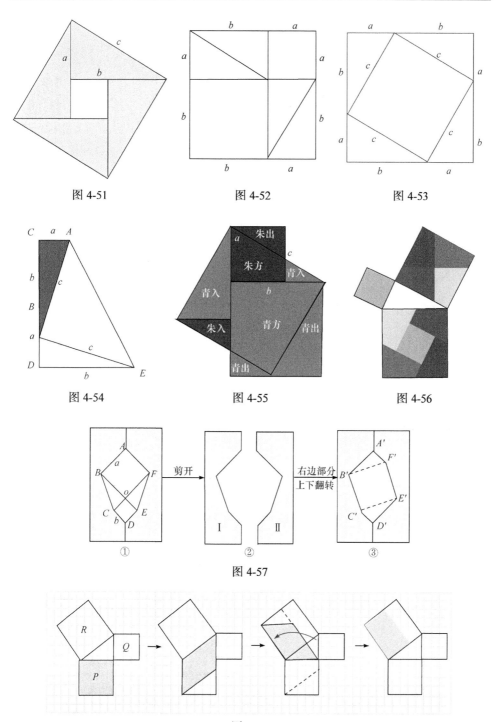

图 4-51　　　　　　　　　图 4-52　　　　　　　　　图 4-53

图 4-54　　　　　　　　　图 4-55　　　　　　　　　图 4-56

图 4-57

图 4-58

图 4-59

やってみよう

123 ページで証明したように、∠C = 90° である

直角三角形 ABC で、点 C から辺 AB に垂線 CD を

ひくと、△CBD, △ACD, △ABC はすべて

相似になります。それぞれの面積を P, Q, R

として、相似比と面積比の関係を使って、

$a^2 + b^2 = c^2$ が成り立つことを証明してみよう。

图 4-60

图 4-60 译注

Proof　*Pythagorean Theorem*

Given: △ABC with right angle at C

Prove: $a^2 + b^2 = c^2$

Proof:

Draw right triangle ABC so C is the right angle.

Then draw the altitude from C to $\overline{AB}$. Let $AB = c$,

$AC = b$, $BC = a$, $AD = x$, $DB = y$, and $CD = h$.

Two geometric means now exist.

$$\frac{c}{a} = \frac{a}{y} \quad \text{and} \quad \frac{c}{b} = \frac{b}{x}$$

$$a^2 = cy \quad \text{and} \quad b^2 = cx \quad \text{Cross products}$$

Add the equations

$a^2 + b^2 = cy + cx$

$a^2 + b^2 = c(y + x)$ factor

$a^2 + b^2 = c^2$　　since $c = y + x$, substitute c for $(y + x)$.

图 4-61

图 4-61 译注

4) 定理应用比较

借鉴顾泠沅先生提出的数学认知水平 4 层次分析框架(高文君等，2009)，根据"勾股定理"内容，将上述认知水平分析框架进行具体化，得到表 4-52。

表 4-52　定理应用的认知水平

一级维度	二级维度	三级维度
定理应用	水平 1：计算——操作性记忆水平	①在生活背景(或数学背景)中，直接给定直角三角形其中两条边长度，求第三条边的长度 ②记忆发现或论证定理的步骤、程序来解决问题
	水平 2：概念——概念性记忆水平	①找出直角三角形的斜边 ②写出勾股定理的公式
	水平 3：领会——说明性记忆水平	①在生活背景(或数学背景)中，间接给定直角三角形两条边的长度，求第三条边的长度 ②在生活背景(或数学背景)中，通过寻找或构造直角三角形来应用定理(如求其他对象的面积、周长、高、边比等)

续表

一级维度	二级维度	三级维度
定理应用	水平 4：分析——探究性记忆水平	①较为复杂数学背景下应用勾股定理 ②运用发现或论证定理的思路、方法来解决问题 ③不良结构的问题(即没有明确结构或者解决途径的问题)

根据表 4-52，分析六版教材中的例题、课内练习、课后作业题，以及具有例题和习题功能的数学探究活动，得到表 4-53，并绘制图 4-62。其中，表 4-53 中括号内的百分数为相应水平下的例题和习题数量占例题和习题总量的比重。

表 4-53　六版教材的例题和习题认知水平

	水平 1	水平 2	水平 3	水平 4	合计
浙教版	7(38.89%)	0(0.00%)	5(27.78%)	6(33.33%)	18
人教版	9(29.03%)	0(0.00%)	10(32.26%)	12(38.71%)	31
北师大版	6(40.00%)	0(0.00%)	4(26.67%)	5(33.33%)	15
CMH 版	43(76.79%)	2(3.57%)	8(14.29%)	3(5.36%)	56
ETB 版	24(70.59%)	3(8.82%)	5(14.71%)	2(5.89%)	34
JZS 版	17(32.08%)	5(9.43%)	16(30.19%)	15(28.30%)	53

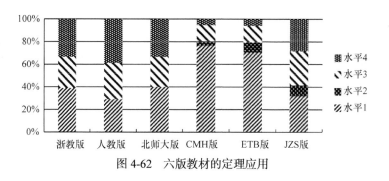

图 4-62　六版教材的定理应用

在进行六版教材的例题和习题数量统计时，依据"大题中若有小题，则按小题个数计算"的规则，统计发现定理应用问题共有 207 题，水平 1 的数学问题占 51.2%；水平 2 的数学问题占 4.8%，水平 3 的数学问题占 23.2%，水平 4 的数学问题占 20.8%。整体来看，六版教材在定理应用方面更倾向于使学生在学习后达到操作性记忆水平，该水平下的例题和习题数量占 51.2%，即会根据定理求直角三角形的未知边。另外，东西方的教材存在显著差异，东方的教材(浙教版、人教版、北师大版、JZS 版)中理解水平的练习明显多于记忆水平的练习，更注重学习之后使学生达到水平 3 和水平 4，例题和习题设计客观反映了东西方各自的学习要求："注重理解掌握"和"强调识记运用"。

结合《义务教育数学课程标准(2022 年版)》对勾股定理的"探索"要求以及图 4-62 的统计分析，国内教育者在进行课堂教学以及课后练习编写时，可以适当增加附有探究性质的练习，以及丰富例题和习题的背景，让学生感受数学"源于生活，用于生活"之趣。

5) 定理历史比较

从数学史主题及其出现的位置两方面制定定理历史的内容分析框架，得到表 4-54。

表 4-54　定理历史的内容分析

一级维度	二级维度	三级维度
定理历史	主题	①2002 年国际数学家大会会标；②赵爽与弦图的关系；③国内将定理称为勾股定理，国外称为毕达哥拉斯定理；④我国古代对"勾股弦"的约定；⑤《九章算术》中"引葭赴岸"的趣题记载；⑥加菲尔德证法；⑦定理作为与外太空沟通的"语言"；⑧商高发现的特例"勾三、股四、弦五"……
	位置	①定理发现；②定理描述；③定理论证；④定理应用

根据表 4-54 分析六版教材的定理历史，发现六版教材的定理历史主题出现在"定理发现"处 10 次，"定理描述"处 3 次，"定理论证"处 12 次，"定理应用"处 7 次，共计 32 次。由定理历史主题的分布情况来看，实际教学时在"定理发现"以及"定理论证"处适当地引入数学史是较为自然的。

在 32 次数学史主题中，国内主题有 18 次，国外主题有 14 次，其中出现次数最多的主题是"在西方该定理称为毕达哥拉斯定理"，其次是"赵爽弦图"以及"2002 年国际数学家大会会标"。另外，中国三版教材数学史的编排内容显著多于国外三版教材，这也要求教师在实际教学过程中要注重对学生进行数学文化的熏陶，一份史料若能使学生对古人、古代文明油然而生一种景仰，抑或使学生将自己在课上的想法与古人的想法相比照，感受古今共鸣，或古今差异(陈敏，2012)(自己的智慧所未能企及之处甚至有所超越之处)，从而进一步开拓思维、陶冶情操，则不仅是让学生们多知道了一份史实，也使得他们更多了一重思考。

3. 研究结论与建议

1) 定理发现

新课导入可以"开门见山"，因此教材编写可以从生活主题、历史主题以及文化主题入手。而定理发现可以采用从"特殊"到"一般"的设计思路，由特殊三角形过渡到一般直角三角形，循序渐进的策略对于学生来说更易于接受。此外，在教材编写时也要注意让学生明白 a^2，b^2，c^2 的几何意义，让学生通过自身的思考，画出以直角三角形三边为边长向外作正方形的基本图形。同时，设计一个涉及"割补"思想的教学环节，以便学生发现定理。

2) 定理描述

教材编写"勾股定理"内容时，可以采用符号以及图形表征，尽量减少文字的呈现。在教学中，教师应尽可能地将文字表征转变为恰当的言语讲解，这样可以减少学生视觉通道的负荷，避免学生视觉的分散，帮助其集中注意力。

3) 定理论证

定理的证明必不可少，考虑课堂时间，建议在教材编写中至少展示 3 种证明方法，且不仅仅局限于国内数学家的证法。数学是全人类共同的遗产，不同文化背景下的数学思想、数学创造都是根深叶茂的世界数学之树不可分割的一枝(王芳等，2004)。经统计各版教材可知，所有证明勾股定理的方法之中，"拼割图形法"最为大众所采用，其中"赵爽的弦图证法"、"毕达哥拉斯证法"以及"加菲尔德证法"的使用频率位列前三，从侧面反映出这 3 种证法也是最易被中学生所接受的。

4) 定理应用

在例题和习题认知水平设计上，应注重使学生学习后达到水平 3 和水平 4，同时注重例题和习题背景问题，需适当丰富例题和习题的生活背景，合理缩减单纯使用定理公式计算直角三角形三边的习题，并且可以考虑适当增加附有探究性质的练习，如将勾股定理的其他证明思路放入课后练习中供学生思考。

5) 定理历史

研究发现，在"定理发现"以及"定理论证"处引入数学史较为自然，因此教材编写时在这两处要尽可能地引入数学史的资料。

第5章　教材比较案例(二)
——立体几何比较研究

一直以来，几何课程都是数学教育发展的各个不同的历史时期中改革的关注点，立体几何作为几何学的重要组成部分，是高中数学的重要内容，在土木建筑、机械设计、航海测绘等大量实际问题中都有广泛的应用，同时对于培养学生的空间想象能力、推理论证能力、运用图形语言进行交流的能力及几何直观能力都有着不可替代的作用。本章选取立体几何中的相关内容，对中国、美国、德国现行中学数学教材中有关立体几何内容进行比较，探寻各国立体几何内容设置的异同点。

5.1　中美数学教材比较研究

5.1.1　"空间几何体"的内容比较

1. 研究对象

选择中国人教 A 版数学必修 2 教材和美国 GPH 版《几何数学》教材，采用文献研究法和比较研究法，从宏观和微观两个角度对两版教材"空间几何体"的内容进行定性与定量分析，探寻两版教材内容编排的异同点。

2. 宏观比较

1) 背景信息比较

从章节名称、所属教科书、出版社、研究对象的起始页、教材总页数等方面对比两版教材的背景信息，得到表 5-1。

表 5-1　两版教材的背景信息

版本	人教 A 版	GPH 版
章节名称	空间几何体	画法、展开图和其他模型 (Drawings, Nets, and Other Models) 表面积和体积 (Surface Area and Volume)
所属教科书	必修 2	《几何数学》
出版社	人民教育出版社	普伦蒂斯·霍尔出版社
起始页	1—37	10—15；596—659
教材总页数	157	896

由表 5-1 可知，GPH 版“空间几何体”内容的分布比较分散，而人教 A 版“空间几何体”内容的分布集中。此外，GPH 版“空间几何体”内容的篇幅明显超过人教 A 版，约是人教 A 版的 2 倍。

2) 版面设计比较

两版教材的字体大、行距宽，方便学生阅读。不同的是，GPH 版在页面左侧会专门设置一片区域，用于旁白、注释或者留出空白，方便学生做笔记(图 5-1)，而人教 A 版没有像 GPH 版那样专门设置区域供学生记笔记(图 5-2)。

3 EXAMPLE Verifying Euler's Formula

Verify Euler's Formula for a two-dimensional net of the solid in Example 2.

Draw a net:

Count the regione: $F=8$

Count the vertices: $V=22$

Count the segments: $E=29$

$8 + 22 = 29 + 1$

Quick Check 3 The figure at the right is a trapezoidal prism.

a. Verify Euler's formula $F + V = E + 2$ for the prism.

b. Draw a net for the prism.

c. Verify Euler's formula $F + V = E + 1$ for your two-dimensional net.

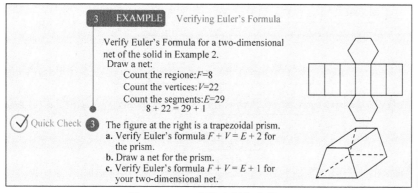

图 5-1　GPH 版的左侧留白设置　　图 5-1 译注

例3　如图1.2-1.3，已知几何体的三视图，用斜二测画法画出它的直观图.

分析：由几何体的三视图知道，这个几何体是一个简单组合体.它的下部是一个圆柱，上部是一个圆锥，并且圆锥的底面与圆柱的上底面重合，我们可以先画出下部的圆柱，再画出上部的圆锥.

画法：(1)画轴.如图1.2-14(1)，画x轴、z轴，使$\angle xOz=90°$.

(2) 画圆柱的下底面. 在x轴上取A，B两点，使AB的长度等于俯视图中圆的直径，且$OA=OB$. 选择椭圆模板中适当的椭圆过A,B两点，使它为圆柱的下底面.

图 5-2　人教 A 版的无留白设置

3) 体例结构比较

整理两版教材“空间几何体”内容的编写体例，得到图 5-3 和图 5-4。

由图 5-3 和图 5-4 可知，两版教材均是按照“内容—习题—小结”的顺序进行教学。但是在具体体例设置上存在较大的差异：

第一，人教 A 版在单元内容中设置了“探究”“思考”“观察”栏目，以便引导学生自己发现问题、提出问题，通过亲身实践、主动思考，经历一系列数学活动，从而理解和掌握数学知识；GPH 版在单元内容中在数学活动方面相对较少。

第二，人教 A 版在单元习题之后设置了“阅读与思考”“探索与发现”“实习作业”三种拓展性栏目；GPH 版在单元练习之后设置了“拓展”“解题指导”“活动实验室""测试策略"等栏目，比人教 A 版要丰富些。

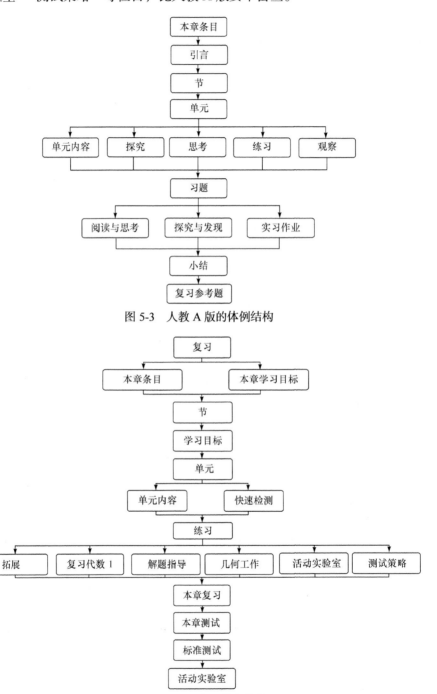

图 5-3　人教 A 版的体例结构

图 5-4　GPH 版的体例结构

第三，两版教材均在章的正文之前设置"本章条目"，有助于学生的学习。不同的是，GPH 版在每节的开头均列出了本节学习的目标和用途，并对学习本章所需要的知识进行复习，为学生的学习作了良好的铺垫；人教 A 版则没有，由此看出 GPH 版更具有人性化。人教 A 版在"本章条目"之后设置"引言"，引言的内容是与本章学习内容相关的介绍，但 GPH 版则没有。

第四，为了解决某一类型的题目，GPH 版设置"测试策略"(Test-Taking Strategies)栏目(图 5-5)，帮助学生拓展解题思维，养成良好的数学解题习惯。而人教 A 版并没有专门设置此类型的栏目。

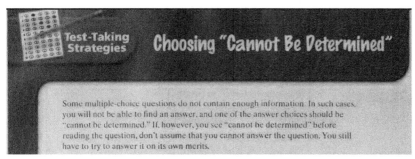

图 5-5　GPH 版的"测试策略"栏目　　　　　图 5-5 译注

第五，两版教材均设置了"小结"，人教 A 版的小结部分包括两个部分，分别是"本章知识结构"和"回顾与思考"；GPH 版的小结部分，即为本章复习，同样包括两个部分，分别是"词汇回顾"(图 5-6)和"技能与概念"(图 5-7)。

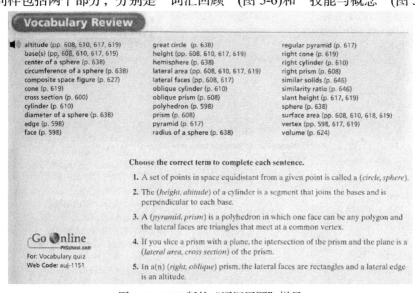

图 5-6　GPH 版的"词汇回顾"栏目　　　　　图 5-6 译注

Skills and Concepts

11-1 Objectives

▼ To recognize polyhedra and their parts
▼ To visualize cross sections of space figures

A **polyhedron** is a three-dimensional figure whose surfaces are polygons. The polygons are **faces** of the polyhedron. An **edge** is a segment that is the intersection of two faces. A **vertex** is a point where three or more edges intersect. A **net** is a two-dimensional pattern that folds to form a three-dimensional figure.

Draw a net for each three-dimensional figure.

6. 　　　7. 　　　8.

The number of faces (*F*), vertices (*V*), and edges (*E*) of a polyhedron are related by Euler's Formula $F + V = E + 2$.

Use Euler's Formula to find the missing number.

9. $F = 5, V = 5, E = $ ▓　　　10. $F = 6, V = $ ▓$, E = 12$

A **cross section** is the intersection of a solid and a plane.

11. Sketch a cube with an equilateral triangle cross section.

图 5-7　GPH 版的"技能与概念"栏目　　　　图 5-7 译注

4) 编排顺序比较

整理两版教材"空间几何体"内容的编排顺序，得到表 5-2。

表 5-2　两版教材的编排顺序

	人教 A 版	GPH 版	
章名称	第一章 空间几何体	第 1 章 几何工具 (Chapter 1 Tools of Geometry)	第 11 章 表面积和体积 (Chapter 11 Surface Area and Volume)
节名称	1.1　空间几何体的结构 1.1.1　柱、锥、台、球的结构特征 1.1.2　简单组合体的结构特征 1.2　空间几何体的三视图和直观图 1.2.1　中心投影与平行投影 1.2.2　空间几何体的三视图 1.2.3　空间几何体的直观图 1.3　空间几何体的表面积与体积 1.3.1　柱体、锥体、台体的表面积与体积 1.3.2　球的体积与表面积	1-2　画法、展开图和其他模型 (Drawings ,Nets, and Other Models) 1-2-1　画出等距图和正投影图 (Drawing Isometric and Orthographic Views) 1-2-2　三维图形的展开图 (Nets for Three-Dimensional Figures)	11-1　展开表面图和截面 (Space Figures and Cross Sections) 11-1-1　识别多面体的结构特征 (Identifying Parts of a Polyhedron) 11-1-2　描述截面 (Describing Cross Sections) 11-2　棱柱和圆柱的表面积 (Surface Areas of Prisms and Cylinders) 11-2-1　发现棱柱的表面积 (Finding Surface Area of a Prism) 11-2-2　发现圆柱的表面积 (Finding Surface Area of a Cylinder) 11-3　棱锥和圆锥的表面积 (Surface Areas of Pyramids and Cones) 11-3-1　发现棱锥的表面积 (Finding Surface Area of a Pyramid) 11-3-2　发现圆锥的表面积 (Finding Surface Area of a Cone) 11-4　棱柱和圆柱的体积 (Volumes of Prisms and Cylinders) 11-4-1　发现棱柱的体积 (Finding Volume of a Prism) 11-4-2　发现圆柱的体积 (Finding Volume of a Cylinder)

	人教 A 版	GPH 版	
章名称	第一章 空间几何体	第 1 章 几何工具 (Chapter 1 Tools of Geometry)	第 11 章 表面积和体积 (Chapter 11 Surface Area and Volume)
			11-5　棱锥和圆锥的体积 (Volumes of Pyramids and Cone) 11-5-1　发现棱锥的体积 (Finding Volume of a Pyramid) 11-5-2　发现圆锥的体积 (Finding Volume of a Cone) 11-6　球的表面积和体积 (Surface Areas and Volumes of Spheres) 11-6-1　发现球的表面积和体积 (Finding Surface Area and Volume of a Sphere) 11-7　相似几何体的面积和体积 (Areas and Volumes of Similar Solids) 11-7-1　发现面积和体积的关系 (Finding Relationships in Area and Volume)

由表 5-2 并结合教材具体内容可知，人教 A 版是在学生学习了柱、锥、台、球体以及简单组合体的结构特征之后，开始进行空间几何体的三视图和直观图的学习；GPH 版则先学习几何体的正投影图、平面展开图以及截面，继而学习柱、锥、球体的相关知识。不仅如此，GPH 版并没有将台体的概念作为知识的重点，仅在练习中进行了简单的介绍。

人教 A 版在学习棱柱、棱锥、圆柱、圆锥、圆台等内容时，均采用从表面积到体积的学习方式，而在球的学习过程中，却采用了由体积到表面积的学习方式。这样的编排方法可以帮助学生明确四种几何体在结构特征上的差异，从而加深学生对四种几何体的印象，也为学生之后学习表面积和体积打下良好基础，符合学生学习习惯。GPH 版在整体上均遵循着由表面积到体积的学习顺序。这样的编排方法有利于学生养成类比的习惯，如棱柱与圆柱的类比、棱锥与圆锥的类比。这也从侧面说明两版教材的分类手段有所不同，人教 A 版从"棱"字、"圆"字出发，而 GPH 版则从"柱"字、"锥"字出发。

3. 微观比较

教材中的问题是反映教材对学生要求的重要指标。问题是为了锻炼学生的解题思维，提高学生对知识的掌握程度。从问题背景和作答类型两方面分析两版教材"空间几何体"的问题，并将问题的背景类型分为纯数学背景和非纯数学背景，结合教材的具体内容，将作答类型分为五类：只要求答案、答案和数学陈述、解释说明、推理论证、实际操作，得到表 5-3。

表 5-3　两版教材的问题背景类型和作答类型比较

因素		人教 A 版	GPH 版
背景类型	纯数学背景	102(75.00%)	582(83.02 %)
	非纯数学背景	34(25.00%)	119(16.98%)
作答类型	只要求答案	68(50.00%)	101(14.41%)
	答案和数学陈述	22(16.18%)	434(61.91%)
	解释说明	6(4.41%)	28(3.99%)
	推理论证	1(0.74%)	30(4.28%)
	实际操作	39(28.68%)	108(15.41%)
合计		136	701

根据表 5-3，绘制图 5-8 和图 5-9。

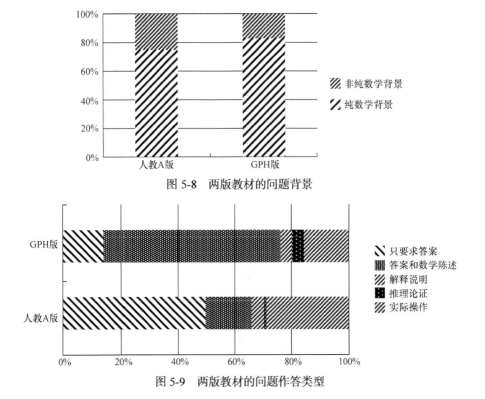

图 5-8　两版教材的问题背景

图 5-9　两版教材的问题作答类型

由图 5-8 和图 5-9 可知，人教 A 版的问题作答类型以"只要求答案""实际操作""答案和数学陈述"为主，作答类型为"答案和数学陈述"的问题相对较少，主要原因是人教 A 版关于空间几何体内容的 1.1 节为"空间几何体的结构"，主要以辨别为主，而 1.2 节为"空间几何体的三视图和直观图"，主要以作图为主，所以人教 A 版主要以"只要求答案"和"实际操作"的作答方式居多。

GPH 版中的问题作答类型以"答案和数学陈述""只要求答案""实际操作"为主，"答案和数学陈述"是一种常见的作答类型，在 GPH 版的问题中所占的数量最多，说明 GPH 版重视知识得到的过程，对学生的要求较高。此外，GPH 版以"只要求答案""实际操作"为作答类型的问题也有不少，设置许多填空题、选择题，所以"只要求答案"的问题较多，但从百分比来看，人教 A 版关于这一作答类型的问题占比比 GPH 版多。

4. 研究结论与建议

1) 丰富教材色彩，增强可读性

GPH 版的色彩艳丽，设置了很多的彩色插图，对于重点的内容均有相应的彩色标记，有利于激发学生的阅读兴趣，而人教 A 版外观朴实，色彩单一，但是封面能够体现数学学科特点。因此，教材在编写时可以适当地丰富色彩，增加有趣的图表内容，从而引起学生的好奇心，提高教材的可阅读性。

2) 增加非数学背景，增强教材的文化内涵

人教 A 版和 GPH 版的问题背景在非数学背景上所占的比例都较少，因此，教材除了丰富外观色彩外，还应该丰富文化色彩，例如通过数学史、现代社会各领域知识等内容的介绍增加问题中非数学背景的数量，以此增强教材的文化内涵，同时拓宽学生的知识面。

3) 完善作答类型，增强推理与动手操作能力

人教 A 版问题的作答类型以"只要求答案"为主，GPH 版问题的作答类型以"答案和数学陈述"为主，但是两版教材的问题在"解释说明""推理论证""实际操作"三种作答类型上的数量都较少。教材编写时可以适当增加一些推理论证的问题，以培养学生的逻辑推理能力，同时也可以增加一些"实际操作"来提升学生的动手能力。

5.1.2 "空间几何体的三视图"的内容比较

1. 研究对象

三视图在日常生活中应用广泛，对学生知识能力的迁移有很大的帮助，对它

的学习过程是学生主动建构知识、不断拓展能力、形成良好情感态度和价值观的过程。"空间几何体的三视图"是学生在初中学习过简单几何体的三视图以及中心投影和平面投影基础上的更进一步的学习，同时与之后的空间几何体的表面积与体积联系在一起，使得立体几何问题更加新颖。因此，无论是在知识层面、方法层面还是在情感态度层面，三视图的学习对学生立体几何部分的学习都有重大的作用。下面选择中国人教 A 版必修 2 教材 1.2 节"空间几何体的三视图和直观图"内容和美国 GPH 版《几何数学》教材 1-2 节"画法、展开图和其他模型(Drawings，Nets，and Other Models)"内容，采用文献研究法和比较研究法，从宏观和微观两个角度对两版教材相关内容进行定性与定量分析，探寻两版教材内容编排的异同点。

2. 宏观比较

1) 编排顺序比较

整理两版教材"空间几何体的三视图"的编排顺序，得到表 5-4。

表 5-4　两版教材的编排顺序

版本	GPH 版	人教 A 版
课题名称	1-2　画法、展开图和其他模型 (Drawings,Nets,and Other Models)	1.2　空间几何体的三视图和直观图
内容顺序	你会学到什么: 画等距视图与正投影图 画三维图形的平面展开图 ……以及为什么: 画例 3 中所示的 　　基本视图 检查你需要的技能 寻求帮助 新词汇 1-2-1 画等距图和正投影图 (Drawing Isometric and Orthographic Views) 　例 1，2，3 1-2-2 三维图形的平面展开图 (Nets for Three-Dimensional Figures) 例 4，5 练习	引入 1.2.2　空间几何体的三视图 1.2.2.1　柱、锥、台、球的三视图 　观察、思考? 1.2.2.2　简单组合体的三视图 思考 练习

由表 5-4 可知，GPH 版在本节内容正式介绍之前先设置教学目标"What You'll Learn：①to make isometric and orthographic drawings；②to draw nets for three-dimensional figures"，即给出预期的知识目标: 今天学习了本节课，您会学

到一些什么知识。"And Why: to make a foundation drawing as in example 3",即在给出预期的知识目标后,问你"为什么会是这样的呢",要求学生动手验证疑问。于是理解能力和动手能力就能够显现出来。接下来的目标是"Check Skills You'll Need",即练习所学技巧,那是需要掌握的。"Go for help"即从练习中发现问题去寻求帮助,并且在目标中指出新的词汇,便于学生首先接触要学习的新术语。人教 A 版的课前引入说明了三视图在工程建设、机械制造以及日常生活中的重要的意义。

GPH 版的引入是本堂课的教学目标和学习目标,在上课之前先给出教学目标,使学生提前清楚自己这节课的任务,使本节课的内容明确化,防止出现学生在新知学习结束后还没有把握这堂课的主线的现象。

2) 内容分布比较

根据教材内容,将两版教材"空间几何体的三视图"的知识点作如下分类:GPH 版包含三块内容:画等距图、正投影图、基本视图(Drawing Isometric, Orthographic, Foundation Views),这里的等距图以及基本视图不是三视图的范围,只有正投影图才是人教 A 版中的三视图,即都是正视投影形成的。其他两种视图在人教 A 版中均没有出现,所以后续仅选取 GPH 版中的画正投影图(Drawing Orthographic Views)部分与人教 A 版的三视图部分进行比较。

人教 A 版包括三个知识点:①三视图(正视图、侧视图、俯视图)的定义;定义以文字的形式给出,接着在定义下面的三维空间中画出了一个长方体的三视图,利用投影的形式,在三维空间里形象直观。通过观察三个视图的特点,总结三个视图的相互联系,在联系的基础上给出圆柱和圆锥的三视图。同时提出一个让读者思考的问题,给出三视图,让读者去找对应的几何体。②画三视图。③会画简单组合体的三视图,给出一些实际生活中的简单几何体的组合,要求读者画出三视图,即理论联系实际。

从同一节的内容看,GPH 版只有一节中的第一部分中介绍三视图,但并没有给出三视图的文字定义,只是在例 2 中给出一个几何体及其三个视图。例 2 中的三个视图分别是从上面、前面、右面看到的投影,而人教 A 版分别是从几何体的上面、前面、左面投影得到的视图,即两版教材对于侧视图的观测方向相反。对于三视图的呈现顺序,GPH 版是:俯视图、正视图、侧视图,俯视图在最上面,其下面是正视图,正视图的右侧是侧视图;人教 A 版是:正视图、侧视图、俯视图,侧视图在正视图的右边,俯视图在正视图的下边,与初中学习的画三视图的法则"长对正,高平齐,宽相等"对应。

从教材知识内容的介绍看,两版教材关于三种视图的表示几乎一致,但是GPH 版并没有每种视图定义的文字表示,是通过图象表示的。人教 A 版首先给出文字定义,然后在三维空间中投影得到三个视图。GPH 版只设置由立体图形求解各个视图的内容, 而人教 A 版不仅仅有由立体图形求解三视图, 还出现了由三视图求解立体图形的内容。此外, GPH 版注重例题对内容的验证, 趋于数学符号化; 人教 A 版注重文字理论的解释, 比 GPH 版的理论性强, 内容简单精练。具体整理两版教材在三视图这部分的内容, 得到表 5-5。

表 5-5　两版教材的知识内容

版本	GPH 版	人教 A 版
课程名称	1-2-1 例 2　正投影图 (1-2-1-Example2：Orthographic Views)	1.2.2　空间几何体的三视图
课程内容	例 1　在左侧等距图的基础上画三视图 (从上面看到的是俯视图, 从前面看到的是正视图, 可从右面看到的是侧视图, 实线表示可见的边, 虚线表示隐藏的边 快速反馈: 从这个等距图中作一个三视图)	1. 柱、锥、台、球的三视图 正视图、侧视图、俯视图的定义 长方体的三视图 总结三种视图的关系 给出三种视图, 要求找出对应的几何体 2. 简单组合体的三视图 给出一些几何体的组合, 能否画出三视图 给出三种视图, 尝试画出它们对应的几何体的示意图

3. 微观比较

1) 例题比较

GPH 版关于三视图的例题只有一个, 并且只给出几何体的三种视图以及实线和虚线画法的注意事项, 并没有其他的详细说明。人教 A 版没有明确的例题出现, 仅仅给出圆柱和圆锥的三视图和一个思考题: 已知一个几何体的三视图, 你能说出它对应的几何体的名称吗? 可见两版教材在例题水平上几乎没有差异, 都是点到为止, 只是人教 A 版是从三视图反推几何体, 更深一步, 这是对学生运用三视图知识的一大挑战。

2) 习题水平层次比较

根据布鲁姆《教育目标分类学》一书中认知目标水平的划分, 将习题的数学认知水平分为 4 个层次, 其中水平 1 和水平 2 是较低的认知水平, 水平 3 和水平 4 是较高的认知水平(吕世虎等, 2010)。结合教材内容, 对三视图习题的数学认知水平的层次界定如下。

水平 1　计算——操作性记忆水平。该层次的习题只需学生具备基本的基础知识, 按部就班地即可完成习题。如, 画出下列几何体的三视图(几何体是正方体), 学生按照三视图的定义即可完成。

水平 2　概念——概念性记忆水平。考查学生对教材中概念理解的题目，解答该层次的习题需要学生已经掌握了数学术语，并能进行简单的识别。图 5-10 呈现的习题需要学生回想各种概念进行判断。

> 36.下列哪一项显示了立体图形的俯视图、正视图和右视图。
>
> F. 等距图　　G. 正投影图　　H. 基础视图　　J. 展开图

图 5-10　GPH 版处于概念性记忆水平的习题

水平 3　领会——说明性理解水平。该层次的习题要求的认知水平超越了前两个仅依赖记忆的认知水平。学生需要分析题意，进行简单的推理，使问题得以解决。图 5-11 呈现的习题需要学生首先将立体几何图画出来，然后再画三视图。

> 17. a.(开放式)画出由8个立方体组成的结构图的等距图。
> 　　b.画出这个结构图的正投影图。

图 5-11　GPH 版处于说明性理解水平的习题

水平 4　分析——探究性理解水平。解答此层次的题目需要最高的认知水平，对问题进行分析，适当地进行假设设想，逐步探究，创造性地解决问题。这是一种拓展性的问题，并非常规题。图 5-12 是一个几何体的三视图，请根据三视图说出立体图形的名称。这个题首先要求学生的空间想象能力好，将三视图与几何体联系起来，得到几何体，才知道是什么名称，要求比较高。

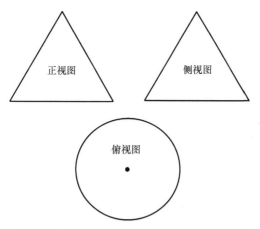

图 5-12　GPH 版处于探究性理解水平的习题

GPH 版中关于三视图的练习有 9 个，人教 A 版中一共有 4 个练习，包括 6 个问题。对两版教材的习题进行认知水平划分，得到表 5-6。

表 5-6　两版教材的习题数学认知水平

版本	水平 1	水平 2	水平 3	水平 4	总题数
GPH 版	3 (33.34%)	4 (44.44%)	1 (11.11%)	1 (11.11%)	9
人教 A 版	1 (16.67%)	1 (16.67%)	2 (33.33%)	2 (33.33%)	6

由表 5-6 可知，两版教材处于各个水平层次的习题都有，但是 GPH 版的习题大多集中在水平 1 和水平 2，即较低水平，较高水平的习题所占比例较小；人教 A 版在较低水平的习题仅占全部习题的三分之一。

3) 习题类型比较

根据例题和习题分类框架对两版教材的习题进行分类统计，得到表 5-7。

表 5-7　两版教材的习题类型

类型	GPH 版	人教 A 版
根据例题内容知识解答	7	3
涉及本节以外的知识	2	2
联系生活实际解答	0	1
总题数	9	6

由表 5-7 可知，GPH 版的习题大多考察本节知识，联系本节以外知识解答的习题占少数，可见 GPH 版在这一节比较重视基础知识的训练；而人教 A 版除了巩固基础知识外，还比较注重与其他知识的联系、融会贯通。

4. 研究结论与建议

1) GPH 版遵循一定的内在编排顺序，比较重视目标的引导

GPH 版将三视图与等距视图、基础视图安排在一起，三视图可以在等距视图的基础上进行研究。把三视图作为一个例题而引入知识，简洁又明了，是一种知识引入的好方式。同时在讲解知识之前，先给出教学目标和学习目标，使学生在学习的过程中不至于太突然，比较自然地引导学生进入知识点的学习。人教 A 版遵循知识点到应用的编排顺序，由概念到简单几何体三视图的给出，同时附带一些思考和探究，然后再到简单组合体三视图的给出，层次比较鲜明，层层深入地呈现知识点，推动学习者深入的思考。这一直是中国教材编排的鲜明特点，比较

适合中国学生的思维方式。

2) GPH 版注重基础知识的巩固，以例题的方式给出三视图的画法，比较清晰明了

GPH 版注重基础知识的巩固，以例题的方式给出三视图的画法，没有继续往下拓展到由三视图到几何体的考察。人教 A 版对知识点做了广泛讲解，但讲解得并不是那么详尽，给学生及教师留有极大的思考空间。尤其是由三视图到几何体的内容，教材并没有明确说明怎样求解这样的问题，只是给出一个思考题让同学们自己思考：假如我们不是知道几何体，而是知道三视图，你能得出此三视图所对应的几何体吗？这是对三视图内容的一个拓展，对学生空间想象力和反向思维能力的提高有很大的帮助。

3) GPH 版的练习题比较紧密地扣准本节知识点，练习题量比较大，可以看出美国比较注重新知的反复练习和强化

GPH 版的题目相对比较简单，易于学生解答，题目涉及的知识点与前面所学知识点交叉的部分比较少，比较注重新知的练习和强化，避免不同知识点之间的混淆，但是不利于学生加强对不同知识点之间的联系。人教 A 版的练习题数量不多，难度呈现出由弱到强的递进趋势，与前面所学知识点联系比较紧密。相对来说，人教 A 版的题目难度比较大，题型较多，从多个方面考察三视图的知识，既巩固本节知识，也复习前面知识。

5.1.3 "空间几何体的三视图和直观图"的内容比较

1. 研究对象

三视图和直观图是空间几何体的一种表示形式，是立体几何的基础之一，其内容的学习要求学生具备一定的空间想象能力和几何直观能力，是对学生空间想象能力的训练。选择中国人教 A 版数学必修 2 教材 1.2 节"空间几何体的三视图和直观图"内容和美国 GPH 版《几何数学》教材 1-2 节"画法、展开图和其他模型(Drawings，Nets，and Other Models)"内容，采用文献研究法和比较研究法，从宏观和微观两个角度比较两版教材在该部分内容的异同点，探寻两版教材内容编排的异同点。

2. 宏观比较

1) 编排顺序比较

整理两版教材"空间几何体的三视图和直观图"内容的编排顺序，得到表 5-8。

表 5-8　两版教材的编排顺序

版本	GPH 版	人教 A 版
单元名称	第 1 章　几何工具 (Chapter1 Tools of Geometry)	第一章　空间几何体
单元大纲	1-1　模式和归纳推理 (Patterns and Inductive Reasoning) 1-2　画法、展开图和其他模型 (Drawings, Nets, and Other Models) 1-3　点、线、面 (Points, Lines, and Planes) 1-4　线段、射线、平行线和面 (Segments, Rays, Parallel Lines and Planes) 1-5　测量线段 (Measuring Segments) 1-6　测量角度 (Measuring Angles) 1-7　基本结构 (Basic Constructions) 1-8　坐标平面 (The coordinate plane) 1-9　周长和面积 (Perimeter ,Circumference, and Area)	1.1　空间几何体的结构 1.1.1　柱、锥、台、球的结构特征 1.1.2　简单组合体的结构特征 1.2　空间几何体的三视图和直观图 1.2.1　中心投影与平行投影 1.2.2　空间几何体的三视图 1.2.3　空间几何体的直观图 1.3　空间几何体的表面积与体积 1.3.1　柱体、锥体、台体的表面积与体积 1.3.2　球的体积与表面积
下行单元	第 2 章　推理和证明 (Chapter2 Reasoning and Proof)	第二章　点、直线、面、平面之间的位置关系

由表 5-8 可知，人教 A 版"空间几何体的三视图和直观图"是在学习柱体、锥体、台体、球体以及简单组合体的结构特征之后，通过平面到空间的类比方式向学生引入有关空间视图的知识内容，为之后将要学习的点、直线、平面位置关系奠定基础，小节内容涉及从中心投影和平面投影到三视图再到直观图，步步深入，有一定的逻辑性。

GPH 版中"画法、展开图和其他模型"的上行小节是模式和归纳推理(Patterns and Inductive Reasoning)，是一种思维模式的导入，是对学生想象能力的开发，进而引入几何基础的讨论。相比于人教 A 版，GPH 版整章内容的进度快，人教 A 版是在第二章时才进入点线面的讨论，而 GPH 在学习完本节内容后就直接进入讨论。

2) 内容分布比较

根据知识点对两版教材"空间几何体的三视图和直观图"内容进行划分，得到表 5-9。

表 5-9　两版教材的内容分布

版本	GPH 版		人教 A 版	
课程名称	1-2　画法、展开图和其他模型 (Drawings, Nets, and Other Models)		1.2　空间几何体的三视图和直观图	
课程内容	1. 画等距图和正投影图 (Drawing Isometric and Orthographic View)	等距图 定义 例题 快速检测		
		正投影图 定义 例题 快速检测	1.2.1　中心投影与平行投影	中心投影 定义 平行投影 定义
			1.2.2　空间几何体的三视图 1. 柱、锥、台、球的三视图 2. 简单组合体的三视图	正视图、侧视图、俯视图 定义 观察题 思考题 简单组合体图示练习 思考题 小练习
		基本视图 定义 例题 快速检测		
	2. 三维图形的平面展开图 (Nets for Three-Dimensional Figures)	平面展开图 定义 例题 快速检测	1.2.3　空间几何体的直观图	斜二测画法引入 例题 探究题 小练习
	习题		习题	

　　由表 5-9 可知，GPH 版在本节设计了四个知识点：①等距视图的认识。通过等距点纸的辅助描述，采用图文结合的方式，配合相应例题及练习，这部分内容与人教 A 版"1.2.3 空间几何体的直观图"相关，但是存在一定差异；②正投影图的认识。这一知识点包含人教 A 版的正视图、侧视图、俯视图等相关内容，同样是利用等距点纸，采用图文结合的方式，配合相关的例题及练习；③基本视图的认识。这个知识点是人教 A 版不曾涉及的；④三维图形的平面展开图的学习。

　　人教 A 版在本节的知识点与 GPH 版的前两点基本相同，对于 GPH 版的正投影图部分(对应于人教 A 版的 1.2.1 和 1.2.2)，人教 A 版的叙述更为详细，分为三个知识点展开教学：首先，介绍中心投影和平行投影的定义，注重知识的连续性，对三视图的引入做铺垫；其次，在研究立方体的基础上加入各种立体图形的研究，这是 GPH 版没有涉及的，考虑比较全面；最后，人教 A 版的直观图部分放在整节内容的最后，引入第四个知识点——斜二测画法，这是一项比较精确、对空间几何体有普遍意义的数学工具，对技巧的要求和动手能力的训练都是比较严格的。

总而言之，两版教材虽然在内容的范围和编排上有一定的差异，但也不乏相似之处，在涉及的内容范围上，抓住关键，各自不乏创新；在编排上，总体设计思路还是遵循知识点由浅入深，难度梯度逐级上升的安排方式。

3. 微观比较

1) 知识呈现方式比较

比较两版教材"空间几何体的三视图和直观图"内容的知识呈现方式，存在以下不同之处。

第一，知识引入模式存在不同。GPH 版注重知识衔接细节的设置：①承上启下的小练习设置用以考查学生对旧知的掌握程度；②关键字设置用以提示本节教学内容；而人教 A 版则重视文字简述本节教学内容设置的意义。

第二，知识结构模式存在不同。GPH 版的各个知识点呈跳跃式分布，比较独立，结构清晰；而人教 A 版的知识点层层递进，由浅入深的特征较为明显，呈连续性分布，衔接度较强。

第三，知识延展模式存在不同。GPH 版运用统一的呈现模式：定义—例题—随堂练习；而人教 A 版没有特定的规律，注重的知识的探究和理解。

第四，知识关联模式存在不同。GPH 版在定义部分穿插一些关于专有名词的来源解释等，往往不在数学范畴，注重联想记忆，对知识面有一定的拓展；而人教 A 版注重理论与实际生活相结合的原则，秉承数学源于生活的理念，在教材编写中插入许多实际生活中的常见图形，注重学生观察能力的培养。

2) 知识背景比较

根据知识背景分析框架，对两版教材"空间几何体的三视图和直观图"内容进行比较可知，GPH 版的知识背景涵盖面广，不仅有数学背景，还有生活背景与文化背景。例如，在引入定义等距图时，利用生活中常见的冰箱进行介绍——生活背景，特别添加了 Isometric Drawing 在希腊语中的相关释义——文化背景。人教 A 版的知识背景以数学背景和生活背景为依托，同时兼顾文化背景。人教 A 版的内容编写注重严谨的数学语言表达并与生活紧密结合，例如，许多例题采用生活实物作为研究对象——生活背景，单元末尾设置的阅读与思考——"画法几何与蒙日"，以文化为背景拓展学生对数学应用的认识。

3) 例题和习题认知水平比较

根据例题和习题的认知水平分析框架，比较两版教材"空间几何体的三视图和直观图"内容的例题与习题，得到表 5-10。

表 5-10　两版教材例题与习题的数学认知水平类型

	水平 1	水平 2	水平 3	水平 4	总题数
GPH 版	4	26	22	3	55
人教 A 版	1	8	9	5	23

由表 5-10 可知，GPH 版的例题及习题数量较多，且题目的数学认知水平集中表现为水平 2 和水平 3，较有层次性。人教 A 版的题量不是很多，题目的数学认知水平均匀分布在水平 2、水平 3 和水平 4，从比例上看题目难度总体较高。

4) 单元习题类型比较

将两版教材"空间几何体的三视图和直观图"内容的单元习题按题型进行划分，得到表 5-11。

表 5-11　两版教材的单元习题类型

版本	GPH 版		题量	人教 A 版	题量
单元习题类型	实践与解决问题 (Practice and Problem Solving)	A 实例练习 (Practice by Example)	16	A 组	5
		B 运用技能 (Apply Your Skills)	16	B 组	3
		C 挑战 (Challenge)	2		
	考试准备 (Test Prep)	多选题 (Multiple Choice)	2		
		简答题 (Short Response)	1		
		拓展题 (Extended Response)	1		
	混合回顾 (Mixed Review)	1-1	5		
		技能手册 (Skills Handbook)	2		
合计			45		8
总题数			55		23

由表 5-11 可知，第一，GPH 版的单元习题量远远大于人教 A 版，更加注重结合具体问题考察对知识的掌握。第二，GPH 版的单元习题占总数的 81.82%，而人教 A 版的单元习题仅占 34.78%。原因在于，GPH 版在知识讲授过程中采用一例一练的模式，而人教 A 版对知识点进行详略处理，仅用于了解的知识点并不设置习题，重难点处采用一例多练的形式。第三，也是最为显著的一点，GPH 版的单元习题设置丰富多彩，在各方面似乎比知识的呈现更为用心，不仅将习题类型按应用分门别类，并且在每一个类别中都根据难度梯度进行设置，注重题型的多样化。GPH 版的习题设置更具系统性和层次感，具有创新性也不乏知识的循序渐进。

5) 例题和习题类型比较

根据例题和习题类型分析框架，比较两版教材"空间几何体的三视图和直观图"内容的例题和习题，得到表 5-12。

表 5-12　两版教材的例题和习题类型统计表

类型	GPH 版	人教 A 版
根据本节知识解答	41	16
联系本节以外知识解答	10	2
联系现实生活常识解答	4	5
总题数	55	23

由表 5-12 可知，两版教材在例题和习题的设置上都注重对本节知识的巩固。

4. 研究结论与建议

1) 从教材内容上看，GPH 版的知识容量大，涉及面广；人教 A 版的知识点详细，更注重知识的逻辑性

GPH 版的内容虽浅，但涉及面广。在空间几何体的视图教学内容安排上，相关知识点精简集中，容量大，内容紧凑，例题和习题的数量远远超过人教 A 版，由此推断，GPH 版在编写过程中更注重培养学生的自主学习能力。而人教 A 版的知识点明确，讲解详细且具有明显的连续性，注重知识的循序渐进，环环紧扣，但相对而言容量小，进度缓，教材编写还应充分考虑学生的实际情况。

2) 从教材编写上看，GPH 版条理清晰；人教 A 版系统性强，更注重知识的厚积薄发

GPH 版的知识点划分清晰有条理，以小模块形式呈现，便于学生构建知识框架，且教材在呈现知识内容时点到为止，学生发挥空间大。而人教 A 版更注重知

识的承上启下、来龙去脉，知识点讲解较为详细全面，便于学生理解记忆，但在这一方面也约束了学生的思维模式。

3) 从知识呈现模式上看，GPH 版注重知识的应用；人教 A 版注重知识的直观感知

GPH 版配备大量的例题与习题，采用"简单定义—详细练习"的模式展开教学，通过学生在自主练习的过程中体会知识的运用，发现问题，注重对知识的运用。人教 A 版运用大量日常生活中出现的空间几何体，通过对生活的观察启发学生的认知，培养空间想象能力，注重对知识的直观感知。

4) 从习题分析上看，GPH 版题量大，内容丰富新颖；人教 A 版题量较少，但注重详略得当

GPH 版的例题与习题有以下特征：①随堂练习与例题之间有较大的相似性，强调对本节知识点的反复练习和强化，在一定程度上避免知识泛化、促进知识分化；②例题的解题步骤明确详细，例题与课堂练习题难度水平较低，教材整体内容通俗易懂，较适于学生自学，对教师的要求较低；③课后习题分为技能训练题、大纲达标题以及综合复习题，条理清晰，并且每一板块都具有明显的难度梯度设置；④题型新颖多样化，结合现实素材与网络手段，富有创新性。人教 A 版的例题与习题有以下特征：①总题量相对较少，插图尺寸较大，排版上没有 GPH 版紧凑；②题型相对较少，略显枯燥；③例题解答采取留白处理，在一定程度上能促进教师与学生的沟通与配合，对教师的要求相对较高；④习题设置体现"一例多练"的特点，强化学生对重难点知识的巩固。

5.1.4 "柱、锥、台体面积与体积"的内容比较

1. 研究对象

选择中国人教 A 版数学必修 2 教材和美国 GPH 版《几何数学》教材，采用文献研究法和比较研究法，从宏观和微观两个角度对两版教材"柱、锥、台体面积与体积"内容进行定性与定量分析，探寻两版教材内容编排的异同点。其中，"柱、锥、台体面积与体积"在 GPH 版《几何数学》中位于第 11 章 "Surface Area and Volume"；在人教 A 版数学必修 2 中位于 1.3 节。

2. 宏观比较

1) 编排顺序比较
整体上对两版教材"柱、锥、台体面积与体积"内容进行比较，得到表 5-13。

表 5-13　中美教材"柱、锥、台体面积与体积"的编排顺序比较

版本	人教 A 版	GPH 版
教科书	必修 2	《几何数学》
出版社	人民教育出版社	普伦蒂斯·霍尔出版社
单元名称	空间几何体	表面积与体积 (Surface Area and Volume)
上行单元	无	面积(Area)
下行单元	空间点、直线、平面之间的位置关系	圆(Circles)
单元大纲	1. 柱、锥、台、球的结构特征 2. 简单组合体的结构特征 3. 中心投影与平行投影 4. 空间几何体的三视图 5. 空间几何体的直观图 6. 柱体、锥体、台体的表面积与体积	1. 展开表面图与截面 (Surface Figures and Cross Sections) 2. 棱柱和圆柱的表面积 (Surface Areas of Prisms and Cylinders) 3. 三棱锥和圆锥的表面积 (Surface Areas of Prisms and Cones) 4. 棱柱和圆柱的体积 (Volumes of Prisms and Cylinders) 5. 三棱锥和圆锥的体积 (Volumes of Prisms and Cones) 6. 球的表面积与体积 (Surface Areas and Volumes of Spheres)

由表 5-13 可知，人教 A 版分别从结构特征、三视图、直观图、表面积与体积等方面对柱体、锥体、台体这三种空间几何体同时进行教学，让学生进行自主比较，加深对这三种几何体各个方面特征的认识。GPH 版则是从柱体到台体进行独立的教学，分别一一讲解它们的结构特征及表面积与体积，并且两版教材在本单元的学习前后的内容完全不同。GPH 版首先通过上行单元对平面几何面积的学习，引出对空间几何体面积的学习，然后是对空间几何体体积的学习。而在人教 A 版中，空间几何体是该教材的第一个知识点，希望学生通过对它的学习后对空间概念有一定的认识，从而有利于下行单元"空间点、直线、平面之间的位置关系"的学习。

2) 内容分布比较

分析两版教材"柱、锥、台体面积与体积"内容的分布，得到表 5-14。

表 5-14　两版教材的内容分布

版本	GPH 版	人教 A 版
课程名称	11-2 棱柱和圆柱的表面积 (Surface Areas of Prisms and Cylinders) 11-3 棱锥和圆锥的表面积 (Surface Areas of Pyramids and Cones)	1.3 柱体、锥体、台体的表面积与体积

续表

版本	GPH 版	人教 A 版
课程名称	11-4 棱柱和圆柱的体积 (Volumes of Prisms and Cylinders) 11-5 棱锥和圆锥的体积 (Volumes of Pyramids and Cones)	1.3 柱体、锥体、台体的表面积与体积
课程内容	温习展开图知识点 求展开图各部分的面积 直棱(圆)柱到斜棱(圆)柱展开部分面积求法 体积公式的呈现和比较	温习展开图知识点 以圆台展开图的面积求法为例 体积公式的呈现和比较

由表 5-14 可知，GPH 版在本节有 4 个知识点，第一个和第二个知识点为空间体的表面积，从"平面展开图"这一对球的概念的基本理解出发，运用图文结合的方式，详细讲解表面积以及直斜柱体，直斜锥体的平面展开图等知识点。人教 A 版在本章的 1.3 节对相应内容进行介绍，其概念建立的出发点同样为"平面展开图"，但仅介绍了正六面体和圆台的平面展开图。

GPH 版的第三个和第四个知识点为柱体与锥体的体积。在整章内容编排上，GPH 版遵循由表面积到体积的学习顺序，让学生经历从表面积到体积的学习过程。人教 A 版在学习棱柱、棱锥、圆柱、圆锥、圆台等内容时，采用的也是从表面积到体积的学习方式。但在后续球的学习过程中，人教 A 版采用由体积到表面积的学习方式。

3. 微观比较

1) 知识呈现方式比较

根据知识呈现方式分析框架，对两版教材相关内容进行比较，得到表 5-15 和表 5-16。

表 5-15 两版教材"表面积公式"内容的呈现方式

版本		GPH 版	人教 A 版
知识导入		平面展开图	平面展开图
知识体验		无	无
严密证明		无	无
知识表征		语言及符号	函数及符号
知识应用	例 1	公式直接运用	以花盆为例使用公式
	例 2	求包装盒表面积	

由表 5-15 可知，两版教材均由平面展开图引入表面积公式的教学，但是均没有知识体验和严密证明两个环节。在知识表征方面，GPH 运用语言和符号两种方式，而人教 A 版则以函数及符号的形式呈现表面积公式。在知识应用上，GPH 版既有公式的直接应用，也设置了实际情境中包装盒表面积的求解问题，注重知识的现实应用；而人教 A 版以花盆为背景，要求学生应用表面积公式。

表 5-16　两版教材"体积公式"内容的呈现方式

版本		GPH 版	人教 A 版
知识导入		类比圆、正方形面积	无
知识体验		利用空间体的表面积公式及分割法：例如柱体是无数个切面叠加而成，其切面积为 B，叠加高度为 H，则其体积为 $S=BH$	无
严密证明		无	解释：以后可以证明此公式
知识表征		语言及符号	函数及符号
知识应用	例 1	公式直接运用	以六角螺帽为例使用公式
	例 2	联系生活运用	无

由表 5-16 可知，在知识导入和体验上，GPH 版类比圆、正方形面积引入体积公式的教学，并利用空间体的表面积公式及分割法让学生感受如何求体积公式的过程；人教 A 版以直接给出体积公式为主。两版教材均没有给出体积公式的严密证明，但人教 A 版提示学生在后续知识学习过程中可以证明。在知识表征方面，GPH 运用语言和符号两种方式，而人教 A 版则以函数及符号的形式呈现表面积公式。在知识应用上，GPH 版先提供直接应用公式求解的例题，再联系生活实际应用知识；而人教 A 版则是直接以六角螺帽为背景，注重公式在生活实际中的应用。

2) 例题和习题认知水平比较

例题和习题是教材的重要组成部分。根据例题和习题认知水平分析框架，比较两版教材的例题和习题，得到表 5-17。

表 5-17　两版教材例题和习题的数学认知水平类型

版本	水平 1	水平 2	水平 3	水平 4	总题数
GPH 版	71	33	98	15	217
人教 A 版	1	6	19	1	27

注：由于个别大题中会有不同认知水平的小题，因此总题数存在差异。

由表 5-17 可知,从总体上看,GPH 版的例题和习题数量远远超过人教 A 版。从数学认知水平的分布来看,两版教材的多数例题和习题分布于水平 3,可见两版教材都非常重视知识的关联性。两版教材在水平 4 上的例题和习题数量相对较少,这部分的例题与习题是对原有知识的一种拓展,对学生能力的要求也更高。另外,GPH 版的例题和习题在水平 1 的比重要远远超过水平 2,而人教 A 版的例题和习题在水平 1 的比重相对来说较小。

3) 单元练习题类型比较

将两版教材"柱、锥、台体面积与体积"内容的单元练习题按题型进行划分,得到表 5-18。

表 5-18 两版教材单元练习题的类型

版本			GPH 版		人教 A 版		
			题量	比例		题量	比例
习题类型	实践与问题解决 (Practice and Problem Solving)	A 实例练习 (Practice by Example)	56	28.87%	A 组	6	54.55%
		B 运用技能 (Apply Your Skills)	71	36.60%	B 组	3	27.27%
		C 挑战 (Challenge)	15	7.73%	课后练习	2	18.18%
	考试准备 (Test Prep)	多选题 (Multiple Choice)	16	8.25%			
		简答题 (Short Response)	4	2.06%			
		拓展题 (Extended Response)	1	0.52%			
	综合回顾 (Mixed Review)		21	10.82%			
	要点检测 (Check Point Quiz)		10	5.15%			
合计			194			11	

由表 5-18 可知，第一，GPH 版习题数量多，每一部分知识点都安排一定数量的习题使学生能够更好地理解与巩固所学知识。第二，GPH 版的习题中所占比重最大的是 B 组题(36.60%)，而人教 A 版所占比重最大的是 A 组题(54.55%)。可见，GPH 版习题总体难度虽不及人教 A 版，但在自身难度梯度设置上，更偏向于需结合本节以外内容和实际问题的较高难度题目上。第三，GPH 版的课后练习通过细致的板块设计，使得在习题难度的增加上更有层次感，由易到难，满足不同学习程度的学生练习需要。

4) 例题和习题类型比较

根据例题和习题类型分析框架，比较两版教材"柱、锥、台体面积与体积"内容的习题，得到表 5-19。

表 5-19　两版教材的例题和习题类型

类型	GPH 版	人教 A 版
根据本节知识解答	171	17
联系本节以外知识解答	25	8
联系现实生活常识解答	21	2
总题数	217	27

由表 5-19 可知，两版教材的例题和习题类型构成一定的梯度。例题和习题以根据本节知识解答为主，其次是联系本节以外的知识，与生活常识相联系进行解答的例题和习题最少。

4. 研究结论与建议

1) 从教材内容上看，GPH 版内容详细，条理清晰，涉及面广；人教 A 版内容精炼，系统性较强，容量小

GPH 版的内容较多，涉及面广，每个知识点划分具有逻辑性，知识点密集紧凑，以知识块出现，环环相扣，便于学生对知识的整体认识，但每个知识点都是点到为止，提供学生自主思考的空间，而且例题和习题的数量远远超过人教 A 版。而人教 A 版的知识点讲解注重知识的前后联系，但相对而言容量较小。这种差异在一定程度上也与教育对象有关系，教材的编写还是要充分考虑到学生的实际情况。

2) 从知识呈现模式上看，GPH 版注重知识的应用；人教 A 版注重知识的直观感知

GPH 版采用知识点拨——题目练习的模式展开教学，让学生在自主练习的过程中体会知识的应用，层层发现问题的延伸知识，达到熟练掌握知识点的要求。而人教 A 版在简单的知识陈述之后，通过一两个例题对其进行讲解，让学生通过应用掌握知识点，注重对知识的直观感知。

3) 从习题分析上看，GPH 版习题量大，注重基础知识的反复应用

GPH 版的习题中，较低知识水平的题目所占比重更大，这表明 GPH 版更注重基础知识的巩固，有相当数量的习题是针对基础知识的；此外，习题板块划分更细致，习题难度递增，适用于不同学习程度的学生进行学习；而习题又包含多种题型，有利于提高学生的综合解题能力，并且例题讲解步骤更为详细，适合学生自学。

5.1.5 "球的体积和表面积"的内容比较

1. 研究对象

"球的体积和表面积"是在学生学习柱体、锥体、台体等基本几何体的基础上，通过空间度量形式了解另一基本几何体结构方式的内容。球作为一种高度对称的空间几何体：于知识上，它是对空间组合体进行研究的基础；于方法上，它既可以是旧有思维方式的强化，也可以是新思维方式的导入；于情感态度上，它能让学生再一次感受中国古代数学的魅力，对培养学生的文化自信具有十分重要的作用。选择中国人教 A 版数学必修 2 教材和美国 GPH 版《几何数学》教材，采用文献研究法和比较研究法，从宏观和微观两个角度对两版教材"球的体积和表面积"内容进行定性与定量分析，探寻两版教材内容编排的异同点。其中，"球的体积和表面积"在 GPH 版《几何数学》中位于 11-6 节；在人教 A 版数学必修 2 中位于 1.3 节。

2. 宏观比较

1) 编排顺序比较

将两版教材"球的体积和表面积"内容所在章节的编排顺序进行比较，得到表 5-20。

表 5-20　两版教材的编排顺序

版本	GPH 版	人教 A 版
单元名称	第 11 章　表面积和体积 (Surface Area and Volume)	第一章　空间几何体

续表

版本	GPH 版	人教 A 版
单元大纲	11-1　空间几何体与横截面 (Space Figures and Cross Sections) 11-2　棱柱与圆柱的表面积 (Surface Areas of Prisms and Cylinders) 11-3　棱锥与圆锥的表面积 (Surface Areas of Pyramids and Cones) 11-4　棱柱与圆柱的体积 (Volumes of Prisms and Cylinders) 11-5　棱锥与圆锥的体积 (Volumes of Pyramids and Cones) 11-6　球的表面积和体积 (Surface Areas and Volumes of Spheres) 11-7　相似空间几何体的表面积和体积 (Areas and Volumes of Similar Solids)	1.1.1　柱、锥、台、球的结构特征 1.1.2　简单组合体的结构特征 1.2.1　中心投影与平行投影 1.2.2　空间几何体的三视图 1.2.3　空间几何体的直观图 1.3.1　柱体、锥体、台体的表面积与体积 1.3.2　球的体积和表面积

　　由表 5-20 可知，GPH 版在本章内容上整体遵循由表面积到体积的学习顺序，"球的体积和表面积"作为整章内容中的一部分，教材编写者依然让学生经历从表面积学习到体积的学习过程。但是人教 A 版在球的学习过程中，采用由体积到表面积的学习方式。

　　2) 内容分布比较

　　比较两版教材"球的体积和表面积"内容的知识点，得到表 5-21。

表 5-21　两版教材的内容分布

版本	GPH 版	人教 A 版
课程名称	11-6　球的表面积和体积 (Surface Areas and Volumes of Spheres)	1.3.2　球的体积与表面积
课程内容	认识球 球的表面积公式 例题及练习 球的体积公式 例题及练习	非本节内容(1.1.1 节介绍) 球的体积公式 球的表面积公式 例题、练习及习题

　　由表 5-21 可知，GPH 版有三个知识点，第一个知识点为认识球，从"等距点"这一对球的概念的基本理解出发，运用图文结合的方式，详细讲解球、球心、直径、大圆、球的周长、半球等概念。人教 A 版在本章的 1.1.1 节对此内容进行

介绍，其概念建立的出发点为"旋转"，且仅介绍了球、球心、半径、直径这四个概念。

3. 微观比较

1) 知识呈现方式比较

根据知识呈现方式分析框架，比较两版教材"球的体积和表面积"的知识呈现方式，得到表 5-22 和表 5-23。

表 5-22　两版教材"球的表面积公式"的知识呈现方式

版本		GPH 版	人教 A 版
知识导入		类比圆周长	无
知识体验		联系生活情境，将棒球表面剥开得下图，近似得出公式： 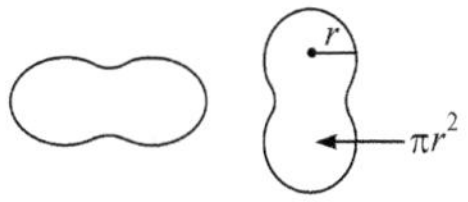	无
严密证明		无	解释：以后可以证明此公式
知识表征		语言及符号	函数及符号
知识应用	例 1	公式直接运用	联系圆柱知识运用公式
	例 2	求地球表面积	无

由表 5-22 可知，在知识导入上，GPH 版通过复习利用半径求圆的周长的方法，类比引入球的表面积公式的教学。之后，知识体验环节进行球的表面积公式推导时，GPH 版延续棱柱、棱锥、圆柱、圆锥表面积公式推导时所采用的表面展开图的方法，将棒球表面按其自有纹路展开，得到四个近似圆形，每一个圆的面积都是 πr^2，所以球的表面积近似为四个圆的面积和 $4\pi r^2$。但这仅是直观感知的结果，书中继而直接给出球的表面积公式，没有给予严密证明。而人教 A 版没有知识导入环节，后续的知识体验环节既没有直观感知也没有严密证明，只是给出公式，并在小字部分说明，以后可以证明这个公式。

表 5-23　两版教材"球的体积公式"的知识呈现方式

版本	GPH 版	人教 A 版
知识导入	类比圆面积	无

续表

版本	GPH 版	人教 A 版
知识体验	利用球的表面积公式及分割法： 	无
严密证明	无	解释：以后可以证明此公式
知识表征	语言及符号	函数及符号
知识应用　例 1	公式直接运用	联系圆柱知识运用公式
知识应用　例 2	已知体积求表面积	无

由表 5-23 可知，在知识导入上，GPH 版通过复习利用半径求圆的面积的方法，类比引入球的体积公式的教学。对于知识体验方面，GPH 版利用球的表面积公式及分割法让学生感受球的体积公式的推导过程，人教 A 版在本章之后的探究与发现部分，利用祖暅原理给予严密的证明；GPH 版虽然在 11-5 节用过此原理(卡瓦列里法则)，但在本节内容却没有用此法则严格推导球的体积公式。

2) 例题和习题认知水平比较

根据例题和习题认知水平分析框架，比较两版教材"球的体积和表面积"的例题和习题，得到表 5-24。

表 5-24　两版教材例题和习题的认知水平

版本	水平 1 单点结构	水平 2 多点结构	水平 3 关联结构	水平 4 拓展抽象水平	总题数
GPH 版	4	2	2	0	8
人教 A 版	0	1	4	0	5

由表 5-24 可知，GPH 版的例题和习题数量较多，而且题目的认知水平以水平 1 居多，较有层次性。人教 A 版题目的认知水平集中于水平 3，认知水平总体要求较高。

3) 例题和习题类型比较

根据例题和习题类型分类分析框架，比较两版教材"球的体积和表面积"的例题和习题类型，得到表 5-25。

表 5-25　两版教材的例题和习题类型

类型	GPH 版	人教 A 版
根据本节知识解答	6	2
联系本节以外知识解答	2	3
联系现实生活常识解答	2	1
总题数	8	5

注：部分题目于以上分类有交叉。

由表 5-25 可知，GPH 版更注重对知识的专项训练和与现实生活的联系，而人教 A 版更注重融会贯通，螺旋上升。

4. 研究结论与建议

1) GPH 版遵循一定的内在编排顺序，注重知识的直观感知

GPH 版在球的表面积和体积的教学内容安排上，将球的概念、表面积和体积等相关知识集中于一节呈现，让学生相对连贯地经历直观感知、操作确认、思辨论证、度量计算的认知过程，符合学生的认知规律，体现一种直线深入式的学习方式。另外，GPH 版在本节内容呈现上遵循由表面积到体积的逻辑顺序和学习过程，在表面积学习过程中采用与柱、锥表面积学习相同的方式，注重知识与方法的延续性。但 GPH 版只是在直观感知的基础上得出公式，没有对表面积公式给予精确说明。

2) 人教 A 版遵循螺旋上升的编排顺序，注重知识的系统性和严密性

人教 A 版在章节结构上，首先系统地介绍柱、锥、台、球的一致性结构特征，接着系统地介绍它们的画法，然后得出表面积与体积的公式，体现了与 GPH 版完全不同的螺旋上升的逻辑顺序，容易让学生在知识之间形成对比，便于记忆和形成知识体系。此外，人教 A 版虽然没给出球的体积与表面积公式的严密证明，但在本章的"探究与发现"活动中对球的体积公式的证明方式进行了补充说明，教师在讲解过程中可以先利用"探究与发现"栏目得出球的体积公式，然后再利用球面分割法得出表面积公式，可以使得结果的猜测与不准确成分较少，较具严密性。

3) GPH 版注重联系实际，知识点讲解详细，但给予教师较少的自由发挥空间

在本节内容的介绍过程中，GPH 版先后出现以下现实素材：纽约海登天文馆

的海登球(Hayden Sphere)、棒球、地球、西瓜；人教 A 版仅在练习中提到了气球，可见 GPH 版更注重联系实际。此外，GPH 版对知识点讲解详细，一定程度上可以降低学生对教师的依赖，但留给教师自由发挥的空间较少，而人教 A 版的知识讲解相对较简明，教师可根据情况适当增减内容，对教师教学水平要求较高。

4) GPH 版的例题和习题紧扣本节知识内容，题目难度水平层次分明，注重给不同学生以适度的发展空间

人教 A 版的例题和习题强调对本节知识点的反复练习和强化，较少与其他章节内容联系，在一定程度上避免知识泛化，促进知识分化，但不利用于学生不同知识点之间的融会贯通。而 GPH 版的例题丰富，解题步骤明确，例题习题难度水平较低，整体内容通俗易懂，适于学生自学。

5.2　中德数学教材比较研究

1. 研究对象

作为研究立体几何的重要载体，空间几何体是高中数学的主要内容之一，通过这部分知识的学习，学生能够经历直观感知、操作确认、推理论证并度量计算的过程，由此认识和探究空间图形的性质，建立空间观念。选择中国人教 A 版数学必修 2 教材和德国 GLS 版《几何学 10》教材，采用文献研究法和比较研究法，从宏观和微观两个角度对两版教材"空间几何体"内容进行定性与定量分析，探寻两版教材内容编排的异同点。

2. 宏观比较

编排顺序比较

将两版教材"空间几何体"内容纵向展开，对章节编排顺序进行对比，得到表 5-26。

表 5-26　两版教材的编排顺序

版本	GLS 版	人教 A 版
教科书	《几何学 10》(Geometrie Bayern 10)	必修 2
上行单元	第 1 章　圆的面积和周长 (Flächeninhalt und Umfang eines Kreises)	无
单元名称	第 2 章　柱、锥、球 (Zylinder, Kegel, Kugel)	第一章　空间几何体

续表

版本	GLS 版	人教 A 版
单元大纲	2.1　柱(Zylinder) 2.2　锥(Kegel) 2.3　球(Kugel) 2.4　综合练习(Vermischte Aufgaben)	1.1　空间几何体的结构 1.1.1　柱、锥、台、球的结构特征 1.1.2　简单组合体的结构特征 1.2　空间几何体的三视图和直观图 1.2.1　中心投影与平行投影 1.2.2　空间几何体的三视图 1.2.3　空间几何体的直观图 1.3　空间几何体的表面积与体积 1.3.1　柱体、锥体、台体的表面积与体积 1.3.2　球的体积与表面积
下行单元	第 3 章　解三角形 (Trigonometrie im Dreieck)	第二章　点、直线、平面之间的位置关系

由表 5-26 可知，GLS 版"空间几何体"内容处在第 2 章，其上行单元是"圆的面积和周长"。可见 GLS 版对于圆的系统学习相对较晚，学习平面图形后紧接空间几何体，从二维过渡到三维，顺理成章。人教 A 版"空间几何体"内容的下行单元是点、直线、平面之间的位置关系，均致力于培养学生的空间想象能力，关于球的内容位于数学必修 2 第一章，人教 A 版数学必修 2 整册内容均为几何内容。

具体分析两版教材"空间几何体"这一章的编排可知，两版教材均按照"柱—锥—球"的顺序推进知识。人教 A 版先介绍这些几何体的特征，再统一学习这些几何体的表面积和体积；GLS 版对几何体的特性不多做强调，重点探究三种几何体的表面积和体积。此外，人教 A 版还介绍台体和简单组合体的相关知识，其间穿插三视图和直观图的内容，旨在培养学生的空间想象能力。

3. 微观比较

根据表 5-26，选取两版教材"空间几何体"内容中 8 个相同的知识点，分别是：圆柱的概念及结构、圆柱的表面积、圆柱的体积、圆锥的概念及结构、圆锥的表面积、圆锥的体积、球的表面积和球的体积，从知识目标水平、知识呈现方式、知识背景进行比较。

1) 知识目标水平比较

根据知识目标水平分析框架，对两版教材"空间几何体"相同知识点的知识目标水平进行研究对比，得到表 5-27。

表 5-27　两版教材的知识目标水平比较

目标水平	GLS 版	人教 A 版
了解	0	6
理解	2	0
掌握与应用	6	2

　　由表 5-27 可知,人教 A 版"空间几何体"的知识目标水平层次较低,对球、棱柱、棱锥、台的表面积和体积的计算公式只需了解,不要求记忆公式,因此人教 A 版并没有大篇幅介绍这六个公式。人教 A 版注重培养学生的空间直观感,要求学生通过实物模型、计算机软件观察大量立体图形,能认识柱、锥、台、球及其简单组合体的结构特征,并能运用这些特征描绘现实生活中简单物体的结构。相反地,GLS 版却对这六个公式的产生作了详细介绍,并且相应地安排 10—20 道练习题,其中大量题目以实际生活为背景,可见 GLS 版要求学生理解公式,并能熟练运用解决实际问题。

　　2) 知识呈现方式比较

　　两版教材在每种几何体的表面积和体积公式的处理上均与自身特点保持一致,因此以"球的体积公式"和"球的表面积公式"为例,根据知识呈现方式分析框架,比较两版教材,分析这两块内容的知识呈现方式,得到表 5-28 和表 5-29。

表 5-28　两版教材"球的体积公式"的知识呈现方式

版本		GLS 版	人教 A 版
知识导入		软木球的不便,以及配图"地球"	无
知识体验		利用卡瓦列里原理(即祖暅原理):	无
严密证明		无	解释:这个公式以后可以证明
知识表征		语言及符号	函数及符号
知识应用	例 1	公式直接运用	联系圆柱知识运用公式
	例 2	已知表面积求体积	无

　　由表 5-28 可知,GLS 版在本节初始首先说明虽然软木是种很轻的材质,但也不可能随身携带一个直径为 1 米的软木球,进而引出必须探索求球体积的方法。由于卡瓦列里原理在 GLS 版中占据重要的地位,教材试图用卡瓦列里原理帮助学生自主探究公式。人教 A 版则单刀直入,直接阐明"球的体积只与半径 R 有关,是以 R 为自变量的函数",给出体积公式,既无直观感知也无严密证明,仅在旁注说明"这个公式以后可以证明",没有过多的解释。"球的体积公式"内容在人

教 A 版中所占篇幅很短,此公式只作了解、识记。在本章之后的探究与发现部分,教材利用祖暅原理给予了相关的说明。

表 5-29　两版教材"球的表面积公式"的知识呈现方式

		GLS 版	人教 A 版
知识导入		无	无
知识体验		利用极限思想: 	无
严密证明		无	解释:这个公式以后可以证明
知识表征		语言及符号	函数及符号
知识应用	例1	a. 公式直接运用 b. 已知表面积求体积	联系圆柱知识运用公式
	例2	已知表面积求球截面圆的面积	无

由表 5-29 可知,两版教材对"球的表面积公式"内容的处理与对"球的体积公式"内容的处理相似。同样地,人教 A 版仅用四行文字的篇幅给出球的表面积公式,并在左边旁注"这个公式以后可以证明";而 GLS 版运用极限思想,球的体积是 $n(n \to \infty)$ 个圆锥体积的和,再用球的体积公式推出表面积公式。

其实,GLS 版对球的体积与表面积两个公式都有相应的说明,且其说明过程对于高中生来说,较为直观,容易理解,而人教 A 版只单独呈现公式,并不过多解释,学生只需记忆公式即可。尽管此公式的记忆并不难,但是倘若能相应地体现一些数学文化,则能锦上添花。或许,一些教师在使用教材时,会作一些补充,这就考验教师的数学素养了。从这一角度看,人教 A 版更偏向于"教师教学"的用书,而不是学生学习的读本。

在知识应用上,GLS 版的例题更为丰富,应用更为灵活。总的来说,两版教材的知识呈现方式体现出 GLS 版比较注重几何体这一知识模块的学习,而人教 A 版对于这一内容的学习要求并不高。

3) 知识背景比较

根据知识背景分析框架,对两版教材"空间几何体"内容相同知识点的知识背景进行比较,得到表 5-30。

表 5-30　两版教材的知识背景

知识背景	GLS 版	人教 A 版
数学背景	6	5
生活背景	1	3
科学背景	1	0
文化背景	0	0

由表 5-30 可知，两版教材涉及的背景多为数学背景，且均没有文化背景。在介绍几何体的结构特征时，人教 A 版运用生活中的事例，帮助学生更直观地想象几何体。另外，从习题的角度看，GLS 版有不少习题附有相关图片，在解决过程中需要学生有相应的生活常识和科学知识，而人教 A 版的习题配备的都是已经数学化的示意图，相对地弱化背景。

4. 研究结论与建议

1) 从知识编写的顺序上看，GLS 版条理清晰、有的放矢；人教 A 版系统性较强，更注重数学知识的整体性

人教 A 版先系统介绍各种几何体的结构特征，再介绍各自的画法，最后讲解相应的表面积和体积公式，知识的系统性强，便于学生对知识整体性的认识。GLS 版更注重知识的前后联系、知识之间的相互迁移，因此对知识点讲解得十分详细透彻，要求学生真正理解。

2) 从知识的目标水平上看，GLS 版对学生的学习要求比较高；人教 A 版体现出目标水平的层次性，有所侧重

人教 A 版根据目标水平的差异，一些知识点的介绍是点到为止，一些知识点的讲解则花大篇幅阐述。对于其中的重点知识，人教 A 版会经历引入、体验、推理论证的过程一步步阐述，使学生体会完整的知识生成的过程。GLS 版对每个知识点的介绍都秉承"知其然知其所以然"的原则编写，不仅在知识的解释说明方面做得细致，在知识应用上也体现出较高的要求。

3) 从知识的背景上看，两版教材涉及的知识背景均较少，应适当丰富知识背景

两版教材涉及的知识背景均较少，以纯数学背景为主。相对而言，人教 A 版的生活背景多一些，但人教 A 版在处理具有生活背景的内容时，有时会作数学化处理，比如配上已经数学化的示意图。而 GLS 版则不多作解释，或者配上原始的生活图片。教材编写时可以结合知识内容适当增加生活、文化、科学背景，提升教材的可读性。

第6章 教材比较案例(三)
——解析几何比较研究

解析几何作为几何的一个重要分支，是利用解析式来研究几何对象之间的关系和性质的一门几何学分支。它是几何与代数相结合的产物，着重体现了研究几何的代数方法，即利用坐标系将点表示为有序数组，建立空间中的点与有序数组之间一一对应的关系，使得几何概念可以表示为代数的形式，几何目标可以通过代数方法来达到。通过解析几何，代数和几何相辅相成，在这过程中体现出来的数形结合思想、转化思想等对数学教学有重要意义。高中阶段的解析几何主要研究直线、圆锥曲线(圆、椭圆、抛物线、双曲线)的有关性质，这部分内容纷繁复杂，若缺乏抽象思维则很难进行。选取解析几何中的相关内容，对中国、日本、俄罗斯、德国、美国现行数学教材中有关解析几何内容进行比较，探寻各国解析几何内容设置的异同点。

6.1 中日数学教材比较研究

6.1.1 "圆锥曲线与方程"的内容比较

1. 研究对象

解析几何是高中数学内容中的经典部分，而圆锥曲线又是解析几何的核心内容。通过圆锥曲线与方程，将代数与几何进行有机结合，充分体现数形结合的思想；此外，作为数学上一个重要的几何模型，圆锥曲线在日常生活、生产与科技中有着广泛的应用，历来受到教育者的重视。选择中国人教 A 版数学选修 2-1 教材第二章"圆锥曲线与方程"内容和日本 JSY 版《新编数学 C》第 2 章第 1 节"二次曲线"内容，采用文献研究法和比较研究法，从宏观和微观两个角度对两版教材相关内容进行定性与定量分析，探寻两版教材内容编排的异同点。

2. 宏观比较

1) 引入方式比较

分析两版教材的引入方式发现，JSY 版的引入方式比较简单，仅采用章头图的方式引入"式与曲线"内容(图 6-1)。人教 A 版既有精美的章头图，又有引导语，还善于利用类比、探究、设问的方式引导学生学习，例如，人教 A 版 "圆锥曲线与方程" 的章头图及引导语，阐明圆锥曲线在实际生活和天文学研究中的重要作用(图 6-2)；引入 "双曲线" 时，让学生类比椭圆定义，思考到两定点的距离之差为常数的点的轨迹，并利用拉链直观演示这一轨迹(图 6-3)。

图 6-1　JSY 版 "式与曲线" 的引入方式

图 6-2　人教 A 版 "圆锥曲线与方程" 的章头图及引导语　图 6-2 原图

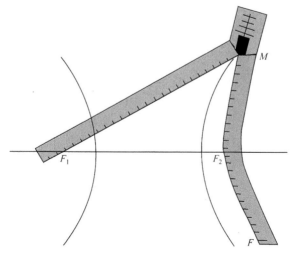

图 6-3 人教 A 版"双曲线"的引入方式

2) 编排顺序比较

整理两版教材相关内容的章节编排顺序,得到表 6-1。

表 6-1 两版教材的编排顺序

版本	JSY 版	人教 A 版
上行单元	第 1 章 行列式	第一章 常用逻辑用语
本单元	第 2 章 式与曲线	第二章 圆锥曲线与方程
	第 1 节 二次曲线 ① 抛物线 ② 椭圆 ③ 双曲线 ④ 二次曲线的平行移动 ⑤ 二次曲线与直线 第 2 节 中介变量与极坐标 ① 曲线的中介变量表示 ② 极坐标与极坐标方程 ③ 具体应用	2.1 曲线与方程 2.2 椭圆 探究与发现 为什么截口曲线是椭圆 信息技术应用 用《几何画板》探究 点的轨迹:椭圆 2.3 双曲线 探究与发现 为什么 $y = \pm \dfrac{b}{a}$ 是双曲 线 $\dfrac{x^2}{a^2} - \dfrac{y^2}{b^2} = 1$ 的渐近线 2.4 抛物线 探究与发现 为什么二次函数 $y = ax^2$ $+ bx + c(a \neq 0)$的图象 是抛物线 阅读与思考 一、圆锥曲线的光学性 质及其应用 二、圆锥曲线的离心率与统一方程
下行单元	第 3 章 概率与概率分布	第三章 空间向量与立体几何

由表 6-1 可知，JSY 版"二次曲线"的下行单元"中介变量与极坐标"涉及运用极坐标方程表示圆锥曲线的方法，与本节知识存在较大联系；人教 A 版"圆锥曲线与方程"的上下行单元与本单元均无显著联系。此外，两版教材相应章节的学习顺序不同，JSY 版按照"抛物线—椭圆—双曲线"的顺序；人教 A 版按照"椭圆—双曲线—抛物线"的顺序，而且三种圆锥曲线的呈现在两版教材中的主旨不同，JSY 版用方程式表示二次曲线，人教 A 版要求掌握圆锥曲线及其性质。因此，JSY 版从学生最熟悉的、较为简单的抛物线入手，而人教 A 版则从对天文学研究有重大贡献的椭圆开始。

3) 知识学习顺序比较

JSY 版"二次曲线"与人教 A 版"圆锥曲线与方程"内容的编写各有其固定模式可循，这种模式在抛物线、椭圆与双曲线这三块内容的编写中多次出现。因此，对于这三块内容中的一块内容进行透彻分析，便可窥全貌。以"双曲线"为例，分析两版教材在此部分内容上知识学习顺序的差异，得到表 6-2。

表 6-2　两版教材"双曲线"内容的知识学习顺序

版本	JSY 版	人教 A 版
1	定义双曲线	探究：画出双曲线
2	标准方程(焦点在 x 轴上)	定义双曲线
3	焦点	标准方程(焦点在 x 轴上)
4	渐近线	焦点
5	顶点	探究：焦点在 y 轴上的双曲线
6	中心	标准方程
7	双曲线上点的特性	例题
8	对称性	探究：双曲线的不同形成方式
9	例题	练习
10	练习	范围
11	焦点在 y 轴上的双曲线	对称性
12	标准方程	顶点
13	焦点	渐近线
14	顶点	等轴双曲线
15	渐近线	离心率
16	双曲线上点的特性	例题
17	练习	练习

由表 6-2 可知，在知识引入模式上，JSY 版直接给出定义；人教 A 版则从具体情境中抽象出双曲线模型，再结合模型给出定义。在知识延展模式上，JSY 版先讲解焦点在 x 轴上的双曲线方程及性质，再简单讲解焦点在 y 轴上的双曲线方程及性质；而人教 A 版先讲解焦点在 x 轴和 y 轴上的双曲线方程，再统一讲解二者的性质。在知识类比模式上，JSY 版在本节知识内部进行类比，将焦点在 y 轴上的双曲线与焦点在 x 轴上的双曲线类比，得出其标准方程和性质；而人教 A 版通过关联知识点类比，较多采用探究方式，将双曲线与椭圆进行类比，帮助学生理清学习思路。在知识关联模式上，JSY 版较少涉及相关联知识，强化训练本节知识；而人教 A 版则尽量多地涉及相关联知识，如椭圆等，促进知识分化。

3. 微观比较

1) 知识点差异比较

比较两版教材相关内容的知识点差异，得到表 6-3。

表 6-3　两版教材的知识点差异

		知识点	JSY 版	人教 A 版
1	抛物线	定义	1	1
2		焦点	1	1
3		准线	1	1
4		标准方程	1	1
5		标准方程推导	1	1
6		焦点在 y 轴上的抛物线方程	1	1
7		范围	0	1
8		对称性	1	1
9		顶点	1	1
10		离心率	0	1
11		直线与抛物线的交点	0	1
12	椭圆	定义	1	1
13		焦点	1	1
14		焦距	0	1
15		标准方程	1	1
16		标准方程推导	1	1
17		焦点在 y 轴上的椭圆方程	1	1
18		圆和椭圆的关系	1	1
19		范围	0	1
20		对称性	1	1
21		中心	1	1

续表

	知识点		JSY 版	人教 A 版
22	椭圆	顶点	1	1
23		长轴、短轴	1	1
24		离心率	0	1
25		直线与椭圆的交点	0	1
26	双曲线	定义	1	1
27		焦点	1	1
28		焦距	0	1
29		标准方程	1	1
30		标准方程推导	1	1
31		焦点在 y 轴上的双曲线方程	1	1
32		范围	0	1
33		对称性	1	1
34		中心	1	1
35		顶点	1	1
36		实轴、虚轴	1	1
37		渐近线	1	1
38		等轴双曲线	0	1
39		离心率	0	1
40		直线与双曲线的交点	0	1
41	二次曲线	定义	1	0
42		二次曲线的平移	1	0
43		二次曲线与直线的交点	1	0
44		二次曲线的切线	1	0
45		二次曲线的切线方程	1	0
46	圆锥曲线几何意义		0	1
47	曲线与方程		0	1
48	求曲线的方程		0	1

注："1"表示该版教材包含此知识点，"0"则表示不包含。

　　由表 6-3 可知，JSY 版包含 33 个知识点，人教 A 版包含 43 个知识点，两版教材共有的知识点 28 个，日本独有 5 个，中国独有 15 个。虽然人教 A 版没有明确提到二次曲线的相关知识，但是对于 JSY 版中的"二次曲线与直线的交点"，人教 A 版在抛物线、椭圆、双曲线的相关内容中分别明确提及"直线与抛物线的交点""直线与椭圆的交点""直线与双曲线的交点"；而 JSY 版中的"什么是二次曲线的切线"在人教 A 版必修 2"直线与圆的位置关系"章节中有所涉及。对于人教 A 版中的"圆锥曲线"，JSY 版在封面第三页的彩图中涉及了"什么是圆锥曲线"，相关图片内容为"用平面截圆锥形成三类曲线(椭圆、抛物线、双曲线)"。

2) 知识背景比较

根据知识背景分析框架比较两版教材，发现 JSY 版"二次曲线"教学内容的所有知识都基于数学背景；人教 A 版除了基于数学背景外，还依托科学背景和生活背景。例如，JSY 版利用函数思想说明"双曲线"与其"渐近线"的无限接近；而人教 A 版利用信息技术让学生体会这一知识。另外，JSY 版的例题和习题安排用于巩固双曲线性质的简单题，例如"求给定双曲线的焦点、顶点和渐近线方程"，而人教 A 版除此类题型外还选择了体现双曲线知识应用价值的题目，例如与"声音传播"或"冷却塔外形"相关的题目。

3) 例题和习题认知水平比较

借鉴已有习题数学认知水平的刻画，对两版教材例题和习题的认知水平层次进行界定：水平 1——计算，水平 2——概念，水平 3——领会，水平 4——分析(吕世虎等，2010)，并统计相关数据，得到表 6-4。

表 6-4　两版教材例题和习题认知水平

版本	认知水平	水平 1	水平 2	水平 3	水平 4	总计
JSY 版	例题	4	4	4	0	12
		33.33%	33.33%	33.33%	0.00%	100.00%
	习题	15	15	0	0	30
		50.00%	50.00%	0.00%	0.00%	100.00%
人教 A 版	例题	3	9	8	2	22
		13.64%	40.91%	36.36%	9.09%	100.00%
	习题	14	32	8	0	54
		25.93%	59.26%	14.81%	0.00%	100.00%

由表 6-4 以及具体分析题目可知，①JSY 版的例题和习题数量明显少于人教 A 版，这表明中国学生较日本学生有更多的练习巩固机会；②JSY 版的大部分例题和习题处于低数学认知水平，人教 A 版的例题和习题以低认知水平题目为主、较高认知水平题目为辅；③JSY 版的练习题往往紧跟例题，边讲边练，人教 A 版分散处理例题和习题，先统一讲解例题，再统一呈现习题；④JSY 版的例题与习题相似性极高，习题与例题相比仅有少量数字变动，二者解题思路完全一致，而人教 A 版的例题与习题的相似程度低。

4. 研究结论与建议

1) 两版教材均具有较强的逻辑性与系统性，JSY 版更具条理性

首先，抛物线、椭圆、双曲线作为 JSY 版"二次曲线"的教学内容和人教 A

版"圆锥曲线与方程"的教学内容，皆围绕各自章节或单元主旨有条理地展开；其次，两版教材三部分内容的讲解过程皆有自身统一的教学模式；再次，两版教材均采用集中讲解相似知识点的方式，便于学生构建知识框架；最后，两版教材的章目编号和知识点标号都比较清楚，JSY 版更采用将每节课的重要知识点罗列在一个矩形框中的方式，重点非常突出。

2) 两版教材知识讲解都属精简型，但 JSY 版更简单、抽象，人教 A 版更重视对知识的直观感知

JSY 版会直接罗列某些知识点而没有说明原因，例如，为什么设 $b = \sqrt{c^2 - a^2}$ 等，而人教 A 版会对某些知识点提出问题要求学生自己解决，学生需要有较高的自觉性和学习品质，方能查找资料填补空白；JSY 版的例题和习题认知水平较低，且习题与例题极为相似，而人教 A 版的例题和习题通常有差异，且尽量分布在不同认知水平以适应不同发展程度学生的需求；JSY 版使用抽象的函数解释渐近线，人教 A 版借助信息技术让学生直观感知。

3) 人教 A 版交互性强，更注重培养学生的探究能力、学习兴趣和思维习惯

JSY 版通篇采用平铺直叙的方式，而人教 A 版总在适当的时候抛出问题让学生思考与探究，有较强的交互性，有利于学生探究能力的培养，但也使得教材知识点分散，不利于知识体系的形成。此外，人教 A 版有丰富的图文资源，强调数学与生活、科技的联系，让学生时刻感到自己在学习有用的数学，有利于培养学习兴趣，而且人教 A 版还较多采用类比探究的思考方式，有利于学生良好思维习惯的养成。

总之，人教 A 版有较为丰富的材料，引导学生用好这些材料是问题的关键；并且善于利用设问、与学生交互的方式引导学生学习。但怎样确保学生去解决这些问题，并有能力解决这些问题值得探讨。人教 A 版教材应在保持现有优势的基础上，学习 JSY 版条理分明、重点突出、及时练习的优势。

6.1.2 "椭圆"的内容比较

1. 研究对象

"椭圆"作为解析几何中的一个知识点，在培养学生"数形结合"的思想方法上具有重要意义。选择中国人教 A 版数学选修 1-1 教材 2.1 节"椭圆"内容和日本 JTB 版《新编数学 B》第 3 章第 3 节中的"简单的二次曲线"内容，采用文献研究法和比较研究法，从宏观和微观两个角度对两版教材相关内容进行定性与定量分析，探寻两版教材内容编排的异同点。

2. 宏观比较

1) 编排顺序比较

将两版教材相关内容按章节顺序展开进行比较，得到表 6-5。

表 6-5　两版教材的编排顺序

版本	人教 A 版	JTB 版
教科书	选修 1-1	《新编数学 B》
上行单元	第一章　常用逻辑用语	第 3 章 第 2 节　直线
单元名称	第二章　圆锥曲线与方程	第 3 章 第 3 节　圆
单元大纲	2.1 椭圆 2.2 双曲线 2.3 抛物线	① 圆的方程 ② 圆与直线 ③ 简单的二次曲线
下行单元	第三章　导数及其应用	第 3 章 第 4 节　不等式的区域

由表 6-5 可知，人教 A 版"椭圆"内容的上下行单元与本单元均无显著联系，且本部分内容位于选修教材，难度较低，没有着重突出椭圆与其他数学知识的联系。JTB 版教材"椭圆"的上下行单元分别为"直线"和"不等式的区域"，这两部分内容的设置都体现了数形结合的思想，因此，JTB 版的上下行单元与本单元有着显著联系。

两版教材的此部分内容学习的整体顺序相同，都是按照"椭圆—双曲线—抛物线"的顺序。但是人教 A 版在圆锥曲线方面内容的设置较为直接；JTB 版选择将圆锥曲线内容设置在圆与直线之后，能够让学生在解析几何方面的学习上有所适应。

2) 知识学习顺序比较

JTB 版"简单的二次曲线"一节与人教 A 版"圆锥曲线与方程"这一单元的具体学习流程各自有编写章法，选取"椭圆"内容，进行深入分析，得到表 6-6。

表 6-6　两版教材"椭圆"内容的知识学习顺序

版本	人教 A 版	JTB 版
1	探究：椭圆的形成	探究：求轨迹方程引入椭圆的方程
2	椭圆的定义	椭圆的定义
3	焦点、焦距	例 1、例 2
4	思考：椭圆方程的建立	椭圆与圆之间的关系
5	椭圆的标准方程	问：求椭圆的方程

续表

版本	人教 A 版	JTB 版
6	思考：焦点在 y 轴上的椭圆	椭圆的图形
7	例 1、例 2	顶点、长轴、短轴
8	思考：椭圆与圆之间的关系	中心
9	例 3	焦点
10	练习	练习
11	范围	
12	对称性、中心	
13	顶点、长轴、短轴	
14	离心率	
15	探究：用 $\dfrac{b}{a}$ 或 $\dfrac{c}{b}$ 来刻画椭圆的扁平程度	
16	例 4、例 5、例 6	
17	练习	

　　由表 6-6 可知，两版教材"椭圆"内容的学习流程主要存在三点差异：①引入角度不同。人教 A 版从物理探究入手，学生可以对椭圆的部分性质进行思考，有利于接下来的学习，而 JTB 版选择通过圆的方程来引入，把椭圆描述成将圆沿一定方向、按一定比例收缩(或伸张)所得到的图形。相较而言，人教 A 版与学生的交互性较强，需要学生一定的动手能力，善于通过探究、观察的方式引导学生学习新知识；JTB 版较为直接，便于探究椭圆与圆之间的关系。②知识点的数量不同。在椭圆这一部分，JTB 版包含的知识点较少；人教 A 版不仅包含了 JTB 版中所有的知识点，还设置了关于椭圆性质的学习内容，难度更大也更为深入。③例题和习题与知识点的结合不同。人教 A 版在学习了部分内容后，设置少量的例题，以此来帮助学生巩固新知识。JTB 版仅在椭圆的定义得出后设置两道例题，其他习题均在课后练习中给出。可见，人教 A 版"椭圆"内容的知识点和例题结合得较为紧密。

　　3. 微观比较

　　对两版教材涉及的知识点进行分类，从教材内容广度、知识目标水平、思维水平、呈现方式、知识背景、信息技术的应用等方面进行比较。

1) 教材内容广度比较

根据知识点的数量来比较教材内容广度。表 6-7 是两版教材"椭圆"内容知识点数量的整理,"1"说明该版教材涉及此知识点,"0"说明该版教材未涉及此知识点。

表 6-7　两版教材的知识点数量统计

	知识点	人教 A 版	JTB 版
1	定义	1	1
2	焦点	1	1
3	焦距	1	0
4	标准方程	1	1
5	标准方程推导	1	1
6	焦点在 y 轴上的椭圆方程	1	1
7	圆和椭圆的关系	1	1
8	范围	1	0
9	对称性	1	0
10	中心	1	1
11	顶点	1	1
12	长轴、短轴	1	1
13	离心率	1	0

由表 6-7 可知,人教 A 版"椭圆"内容包含 13 个知识点,而 JTB 版"椭圆"内容包含 9 个知识点。其中,两版教材的公共知识点有 9 个,人教 A 版独有的知识点有 4 个,JTB 版没有独有的知识点。因此,人教 A 版"椭圆"内容的知识点涵盖的范围更广。

在整理知识点的过程中,两版教材"椭圆"内容知识点设置存在如下的差异:①人教 A 版知识点多且较为详细。教材中对该部分内容的讲解较为详细,除了涉及有关椭圆的相关定义外(例如长轴、短轴等),还会逐个分析知识点,例如通过具体例题来讲解椭圆的标准方程等;同时会适当拓展教材内容。②JTB 版的知识点虽然少,但较为精简。教材通过求得的轨迹方程(即椭圆的方程)来获得椭圆的定义,同时也说明椭圆与圆之间的关系以及椭圆形状的扁平程度,JTB 版的精炼程度可见一斑。

2) 知识目标水平比较

根据知识目标水平分析框架，比较两版教材"椭圆"内容，得到表6-8。

表6-8 两版教材的知识目标水平

目标水平	人教A版	JTB版
知识点总量	19	9
了解	9	4
理解	6	2
掌握	4	3

由表6-8可知，人教A版的知识目标水平以了解和理解为主，而JTB版的知识目标水平以了解和掌握为主。结合教材内容发现，人教A版先从探究中得到椭圆的定义，通过椭圆的对称性直接给出长轴、短轴等定义，因此目标水平相对较低。而JTB版通过完整的例题引出椭圆的方程，从而得到椭圆的定义，因此这一部分知识点的目标水平较高。

3) 知识思维水平比较

根据知识思维水平分析框架，比较两版教材"椭圆"内容，得到表6-9。

表6-9 两版教材的知识思维水平

思维水平	人教A版	JTB版
直观性水平	8	5
描述性水平	4	3
理论性水平	1	1

由表6-9可知，两版教材"椭圆"内容均注重直观性水平知识点的学习，其次是描述性水平的知识点。结合教材具体内容发现，两版教材"椭圆"内容个别知识点在思维水平上存在差异：人教A版先详细阐述椭圆的形成过程，之后直接给出椭圆的定义，意在让学习者认识椭圆以及椭圆的焦点、焦距，故而该知识点属于直观性水平；JTB版通过圆的方程来求得轨迹方程，借助圆的图形的伸缩变换来定义椭圆，这涉及椭圆与圆之间的关系以及椭圆的几何性质，因此该知识点属于描述性水平。

4) 知识呈现方式比较

根据知识呈现方式分析框架，将五种呈现方式依次编号为1，2，3，4，5，结合两版教材"椭圆"的具体内容，将知识点量化后，得到表6-10，并绘制图6-4。

表 6-10　两版教材的知识呈现方式

知识呈现方式										
知识点	1	2	3	4	5	6	7	8	9	10
人教 A 版	1	1	1	2	4	2	2	2	3	1
JTB 版	2	1	/	2	4	1	4	/	/	1

知识点	11	12	13
人教 A 版	1	1	3
JTB 版	1	1	/

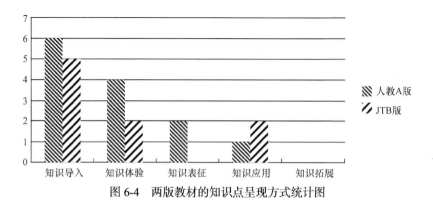

图 6-4　两版教材的知识点呈现方式统计图

由表 6-10 和图 6-4 可知，①两版教材"椭圆"内容的知识点大多采用知识导入的方式，以此来帮助学习者获取相关定义、概念。人教 A 版的知识点采用由动手操作到数学知识的导入方式，在操作过程及规定要求中探索椭圆内部的几何关系，继而定义相关概念，如此能帮助学生更为透彻地理解知识点；而 JTB 版的知识点采用从已知推理出未知的导入方法，以这样的方式导入新知，有利于培养学习者的创新精神和探索精神，同时有助于学习者感受到数学学科知识点间的联系。②两版教材在知识体验环节中也涉及较多的知识点。人教 A 版采用方程(代数方法)来求椭圆的范围；JTB 版画出用不平行于圆柱的底面这一平面去截取圆柱和圆锥时的图象，该截口的图形就是椭圆，让学习者感受到椭圆存在于熟悉的立体图形中，同时也体验到平面图形与立体图形的相互联系。③两版教材在知识表征、知识应用、知识拓展方面均涉及较少或没有。

5) 知识背景比较

根据知识背景分析框架，将两版教材"椭圆"内容的知识点按照四个类别统计，并计算每个类别在总数中的比例，得到表 6-11。

表 6-11　两版教材的知识背景

类型	生活背景	文化背景	科学背景	数学背景
人教 A 版	10.00%	/	10.00%	80.00%
JTB 版	/	/	/	100.00%

由表 6-11 可知，两版教材均倾向于设置较大比例的数学背景，人教 A 版数学背景占所有背景总数 80.00%，生活背景和科学背景占比相同，为 10.00%，文化背景未涉及。JTB 版只有数学背景，其他三种背景均未涉及。相较于 JTB 版，人教 A 版涵盖的知识背景更为丰富，涉及的知识面更为广泛，设置一定数量的生活背景和科学背景可以帮助学习者将数学知识与实际生活、科学技术联系起来，使得实际生活数学化、科学技术数学化，培养学习者从数学的角度来思考实际生活、科学技术中出现的问题。JTB 版偏重于培养学习者对于数学知识的思考，帮助学习者融合已有的数学知识来探究未知的数学知识。

6) 信息技术应用比较

对于数学学科而言，将数学知识与多媒体技术紧密结合在一起，一定程度上有助于学生的学习。JTB 版的"椭圆"内容未体现知识的信息技术应用，人教 A 版在"椭圆"内容的最后设置"信息技术应用"板块，题为：用几何画板探究点的轨迹——椭圆，难度虽然不高，但是却很好地体现了数学知识与信息技术的结合。因此，人教 A 版该部分内容与信息技术的关联度更高。

7) 例题和习题比较

在比较两版教材的例题和习题时，遵循以下原则：①一题多问时，按小题计数(各小题包含的知识点不同)；②人教 A 版的例题和习题包括"探究"、"思考"、"例题"、"练习"、"观察"和"习题"；JTB 版的例题和习题包括"例题"、例题后面的"习题"(即"问 1、问 2"等)、"问题"。

借鉴相关文献的例题和习题分析框架(刘少平，2013)，对两版教材相关内容的例题和习题从类型、性质、背景、知识点含量进行比较。

(1) 例题和习题类型及数量比较　将例题和习题的类型分为随堂练习和课后练习两类，其中，随堂练习对应的人教 A 版的例题和习题包括"探究"、"思考"、"例题"和"观察"，对应的 JTB 版的例题和习题包括"例题"、例题后面的"习题"(即"问 1、问 2"等)；课后练习对应的人教 A 版的习题包括"练习"和"习题"，对应的 JTB 版的习题包括"问题"。据此对两版教材例题和习题进行统计，得到表 6-12。

表 6-12　两版教材例题和习题的类型及数量

	随堂练习	课后练习	习题总数
人教 A 版	19	42	61
百分比	31.15%	68.85%	100.00%
JTB 版	4	0	4
百分比	100.00%	/	100.00%

　　由表 6-12 可知，人教 A 版例题、习题的类型和数量均多于 JTB 版，换言之，人教 A 版在例题和习题的设置上倾向于让学生多练习。此外，还可以发现，两版教材在知识点中间都穿插了一些随堂练习，便于学习者在学习了一个新的知识点后及时进行巩固。

　　(2) 例题和习题性质比较　将例题和习题性质分为三个级别——模仿、迁移与应用、探究，继而对两版教材例题和习题进行分析统计，得到表 6-13。

表 6-13　两版教材的例题和习题性质

	模仿	迁移与应用	探究
人教 A 版	24	29	8
百分比	39.34%	47.54%	13.11%
JTB 版	2	2	/
百分比	50.00%	50.00%	/

注：由于四舍五入，百分比之和会有误差。

　　由表 6-13 可知，人教 A 版模仿、迁移与应用两种性质的例题和习题数量几乎相当，且均占有较大比例；探究性质的例题和习题数量最少，所占比例为13.12%。JTB 版模仿性质的例题和习题数量和迁移与应用性质的例题和习题数量相同。由此可见，人教 A 版在注重例题和习题的模仿、迁移与应用的同时，不忘通过探究性质的例题和习题来培养学习者的创新思维与探索精神。

　　(3) 例题和习题背景比较　将例题和习题背景分为三类——无背景、生活与常识、科学背景，接着对两版教材例题和习题进行分析统计，得到表 6-14。

表 6-14　两版教材的例题和习题背景

	无背景	生活与常识	科学背景
人教 A 版	56	2	3
百分比	91.80%	3.28%	4.92%
JTB 版	4	/	/
百分比	100.00%	/	/

由表 6-14 可知，人教 A 版的例题和习题以无背景居多，占总数的 91.80%；背景为生活与常识的例题和习题占总数的 3.28%；具有科学背景的例题和习题占总数的 4.92%。JTB 版的例题和习题全部都是无背景。由此可见，人教 A 版将数学融入日常生活，渗透数学的学习为生活的方方面面、科学技术的进步而服务这一理念。学习者在解决含有生活与常识背景、科学背景的数学题目时，需要区分题目中所给的信息，判断哪些信息是有用的，哪些信息是无用的，然后将有用的信息转化成平时解题所需要的数学信息，进而解决该题目。

(4) 例题和习题知识点含量比较　将例题和习题知识点含量分为三类：1 个知识点、2—3 个知识点、4 个及以上知识点，接着对两版教材例题和习题进行分析统计，得到表 6-15。

表 6-15　两版教材例题和习题知识点含量

	1 个知识点	2—3 个知识点	4 个及以上知识点
人教 A 版	21	32	8
百分比	34.43%	52.45%	13.12%
JTB 版	2	2	/
百分比	50.00%	50.00%	/

由表 6-15 可知，两版教材的部分例题和习题含有不止一个知识点，例题和习题的设置倾向于在多个知识点间建立联系，融合各知识点。人教 A 版含有 2—3 个知识点的例题和习题所占比例最大；含有 1 个知识点的例题和习题占比次之；含有 4 个及以上知识点的例题和习题占比最少。JTB 版含有 1 个和 2—3 个知识点的例题和习题数量相当，没有含有 4 个及以上知识点的例题和习题。由此可见，人教 A 版既注重例题和习题中知识点的融合和基础知识点的巩固，也注意到了不应将例题和习题的难度设置太高，以适应不同程度学生的学习能力；JTB 版中虽然例题和习题总数较少，但是例题和习题的知识点设置也兼顾了较低难度知识点和较高难度知识点间的联系。

4. 研究结论与建议

1) 在单元前设置回顾旧知栏目，引入新知学习

JTB 版在"椭圆"内容上，基于学科本质，精选教学内容，使教学内容结构化，有助于学生在类似知识间形成迁移。而人教 A 版缺少上下行单元的联系，若在开头适当精简地回顾与本章内容有关的知识，作为本章教学内容的引入，可能会便于学生学习本章内容。

2) 加强知识点情景化, 拓展知识应用

人教 A 版"椭圆"内容的知识点涵盖广, 难度适中, 便于学习者掌握基础知识、基本技能, 这一点应该继续保持; 在知识应用上可以适当加以拓展, 使教学内容情景化, 促进学习者落实数学核心素养; 在信息技术应用上, 借助几何画板让学习者了解椭圆轨迹的部分, 这点值得肯定, 促进学习者培养实践能力, 体现了数学知识的信息化。

3) 适当增加探究性质习题, 丰富例题和习题背景

人教 A 版的例题和习题可适当增加一些探究性质的题目, 充分发挥学习者的思维, 关注学习者多样化的发展需求; 同时适当删减同类型的题目, 例如同一种形式涉及同一个知识点的题目; 同时也可以赋予部分题目一定的科学背景、生活背景与文化背景等, 贴近学习者的生活实际, 体现数学的科学价值和生活价值。

6.2 中俄数学教材比较研究

1. 研究对象

圆锥曲线与方程作为高中数学解析几何的核心内容,通过对相关内容的学习,能够促使学生综合运用平面几何与函数知识, 有助于提升数学思维, 塑造灵活的思维模式。选择中国人教 A 版数学选修 2-1 教材第二章"圆锥曲线与方程"内容和俄罗斯 RTB 版《10—11 年级几何》教材第 8 章第 4 节"椭圆、双曲线和抛物线"(Эллипс, гипербола и парабола)内容, 采用文献研究法和比较研究法, 从宏观和微观两个角度对两版教材相关内容进行定性与定量分析, 探寻两版教材内容编排的异同点。

2. 宏观比较

1) 编排顺序比较

将两版教材"圆锥曲线"内容纵向展开并进行对比, 得到表 6-16。

表 6-16 两版教材的编排顺序

版本	RTB 版	人教 A 版
教科书	《10—11 年级几何》 (Геометрия 10-11 классы)	选修 2-1
上行单元	第 7 章 几何体的体积 (Глава Ⅶ Объемы тел)	第一章 常用逻辑用语
单元名称	第 8 章 平面几何的一些知识 (Глава Ⅷ Некоторые сведения из планиметрии)	第二章 圆锥曲线与方程

续表

版本	RTB 版	人教 A 版
单元大纲	8.1　与圆有关的角和线段 (Углы и отрезки,связанные с Окружностью) 8.2　解三角形 (Решение теругольников) 8.3　梅涅劳斯定理和塞瓦定理 (Теоремы Менелая и Чевы) 8.4　椭圆、双曲线和抛物线 (Эллипс，гипербола и парабола)	2.1　曲线与方程 2.2　椭圆 2.3　双曲线 2.4　抛物线
下行单元	附录 1. 空间图形的画法 2. 关于几何学的公理	第三章　空间向量与立体几何

由表 6-16 可知，人教 A 版"圆锥曲线与方程"内容的上下行单元与本单元均没有显著联系，RTB 版"椭圆、双曲线和抛物线"与第 8 章的其他内容也没有显著联系。两版教材此部分内容学习的整体顺序相同，都是按照"椭圆—双曲线—抛物线"的顺序，但 RTB 版整块内容的进度相比于人教 A 版的进度更快，人教 A 版在学习"曲线与方程"后才进入椭圆、双曲线和抛物线的讨论，而 RTB 版直接进入椭圆、双曲线和抛物线的讨论。

2）知识学习顺序比较

RTB 版"椭圆、双曲线和抛物线"内容与人教 A 版"圆锥曲线与方程"内容的编写皆有其各自固定模式可循，这种模式在抛物线、椭圆与双曲线三块内容的编写过程中重复循环出现。因此，对其中一块内容进行透彻分析，便可窥全貌。以"椭圆"为例，具体分析两版教材在此部分内容上知识学习顺序的异同，得到表 6-17。

表 6-17　两版教材"椭圆"内容的知识学习顺序

版本	RTB 版	人教 A 版
1	椭圆的定义	探究：椭圆的形成
2	焦点	椭圆的定义
3	椭圆的标准方程	焦点、焦距
4	对称性	思考：椭圆方程的建立
5	范围	椭圆的标准方程
6	顶点和椭圆的图	思考：焦点在 y 轴上的椭圆
7	准线	例 1、例 2
8	椭圆的第二定义	思考：椭圆与圆之间的关系

续表

版本	RTB 版	人教 A 版
9	离心率	例 3
10	分析直线与椭圆的交点个数	练习
11		范围
12		对称性、中心
13		顶点、长轴、短轴
14		离心率
15		探究: 用 $\dfrac{b}{a}$ 或 $\dfrac{c}{b}$ 刻画椭圆的扁平程度
16		例 4、例 5、例 6、例 7
17		练习

由表 6-17 可知, 两版教材"椭圆"内容在知识学习顺序上主要存在两点差异:
①知识引入模式不同。RTB 版的引入方式较为简单, 仅采用引导语的方式引入,
后直接给出椭圆定义。而人教 A 版用精美图片配合引导语, 或用几何画板演示,
生动形象展示情境, 善于利用类比、探究、设问的方式引导学生学习, 探究得出
定义。②例题与练习设置存在不同。人教 A 版的知识点和例题、练习结合得较为
紧密, 及时巩固应用知识点。而 RTB 版在介绍椭圆相关知识点的过程中没有穿插
例题和练习, 而是在学习完椭圆、双曲线和抛物线后设置总的练习。

3. 微观比较

1) 知识点差异比较
整理两版教材相关内容的知识点, 得到表 6-18。

表 6-18　两版教材的知识点差异

		知识点	RTB 版	人教 A 版
1		定义	1	1
2		焦点	1	1
3		焦距	0	1
4		标准方程	1	1
5	椭圆	标准方程推导	1	1
6		焦点在 y 轴的椭圆方程	1	1
7		圆和椭圆的关系	0	1
8		范围	1	1

续表

		知识点	RTB 版	人教 A 版
9	椭圆	对称性	1	1
10		中心	1	1
11		顶点	1	1
12		长轴、短轴	1	1
13		离心率	1	1
14		准线	1	0
15		椭圆第二定义	1	0
16		直线与椭圆的交点	1	1
17	双曲线	定义	1	1
18		焦点	1	1
19		焦距	0	1
20		标准方程	1	1
21		标准方程推导	1	1
22		焦点在 y 轴的双曲线方程	1	1
23		范围	1	1
24		对称性	1	1
25		中心	1	1
26		顶点	1	1
27		实轴、虚轴	1	1
28		渐近线	1	1
29		等轴双曲线	0	1
30		离心率	1	1
31		准线	1	0
32		双曲线第二定义	1	0
33		直线与双曲线的交点	1	1
34		$y = \dfrac{k}{x}(k \neq 0)$ 是特殊的双曲线	1	0
35	抛物线	定义	1	1
36		焦点	1	1
37		准线	1	1
38		标准方程	1	1
39		标准方程推导	1	1
40		焦点在 y 轴的抛物线方程	1	1
41		范围	1	1

续表

	知识点		RTB 版	人教 A 版
42	抛物线	对称性	1	1
43		顶点	1	1
44		离心率	1	1
45		直线与抛物线的交点	1	1
46	圆锥曲线几何意义		0	1
47	曲线与方程		0	1
48	求曲线的方程		0	1

注: "1"表示该版教材包含此知识点, "0"则表示不包含。

由表 6-18 可知, RTB 版包含 41 个知识点, 人教 A 版包含 43 个知识点。其中, 两版教材公共知识点有 36 个, RTB 版独有的知识点有 5 个, 人教 A 版独有的知识点有 7 个。

2) 知识目标水平比较

根据知识目标水平分析框架, 对两版教材相关内容的知识点的目标水平进行分析, 得到表 6-19。

表 6-19　两版教材的知识目标水平

	RTB 版(N=41)		人教 A 版(N=43)	
	n	百分比	n	百分比
了解	16	39.02%	9	20.93%
理解	15	36.59%	13	30.23%
掌握与应用	10	24.39%	21	48.84%

注: N 表示知识点的总数量, n 表示相应类型所对应知识点的数量。

由表 6-19 可知, RTB 版的知识目标水平以了解和理解为主, 人教 A 版的知识目标水平以理解和掌握与应用为主。具体分析教材内容发现, 人教 A 版有许多探究或思考活动, 尽可能多地涉及相关联的知识, 注重开发学生发散联系的思维, 例如学习椭圆时, 思考椭圆与圆之间的关系, 学习完焦点在 x 轴上的椭圆后, 紧接着思考焦点在 y 轴上的椭圆。RTB 版更多以讲解知识为主, 较少外延知识内容, 知识目标水平较人教 A 版而言, 对学生的要求简单一些, 例如学习焦点在 x 轴上的圆锥曲线后, 未继续探讨焦点在 y 轴上的圆锥曲线。

3) 知识呈现方式比较

椭圆、双曲线和抛物线的标准方程作为圆锥曲线核心内容之一, 两版教材在椭圆、双曲线和抛物线的标准方程的处理上与自身特点保持一致, 以 "椭圆的标准方程"为例，根据知识呈现方式分析框架，对两版教材的知识呈现方式进行分析，得到表 6-20。

表 6-20　两版教材"椭圆的标准方程"的知识呈现方式

	RTB 版	人教 A 版
知识导入	无	思考：观察椭圆的形状，怎样选择坐标系才能使椭圆的方程简单
知识体验	无	类比利用圆的对称性建立圆的方程的过程，根据椭圆的几何特征，选择适当坐标系，建立椭圆方程
严密证明	利用了平方差公式	采取常规处理含两个根式的方法，两次平方
知识表征	语言、函数及符号	语言、函数及符号(后紧接着思考讨论了焦点在 y 轴上的椭圆的标准方程)
知识应用	无	例 1　利用椭圆定义求椭圆的标准方程 例 2 例 3　求点的轨迹

　　由表 6-20 以及具体分析教材可知：①人教 A 版在引导学生思考如何选择坐标系才能使椭圆的方程简单时，启发学生类比圆，根据椭圆的几何特征建立椭圆方程，之后才给出以经过椭圆两焦点 F_1，F_2 的直线为 x 轴，线段 F_1F_2 的垂直平分线为 y 轴，建立直角坐标系 xOy。而 RTB 版直接说明建立这样的坐标系，在该坐标系下探讨椭圆方程。②两版教材求解椭圆与双曲线的标准方程的思路不一致，其中求解椭圆的标准方程的过程如表 6-21 所示。设点 $M(x,y)$ 是椭圆上任意一点，椭圆的焦距为 $2c(c>0)$，那么焦点 F_1，F_2 的坐标分别为 $(-c,0)$，$(c,0)$，又设点 M 与焦点 F_1，F_2 的距离和等于 $2a$。

表 6-21　两版教材"求解椭圆的标准方程"的思路比较

人教 A 版	RTB 版
由椭圆的定义，椭圆就是集合 $p=\{M \mid\mid MF_1\mid+\mid MF_2\mid=2a\}$; $MF_1=\sqrt{(x+c)^2+y^2}$，$MF_2=\sqrt{(x-c)^2+y^2}$，所以 $\sqrt{(x+c)^2+y^2}+\sqrt{(x-c)^2+y^2}=2a$。 将左边的一个根式移到右边，得 $\sqrt{(x+c)^2+y^2}=2a-\sqrt{(x-c)^2+y^2}$。 将这个方程两边平方，得 $(x+c)^2+y^2=4a^2-4a\sqrt{(x-c)^2+y^2}+(x-c)^2+y^2$，整理得 $a^2-cx=a\sqrt{(x-c)^2+y^2}$。 上式两边再平方，整理得	与中国教材一样，先由椭圆定义得 $\sqrt{(x+c)^2+y^2}+\sqrt{(x-c)^2+y^2}=2a$，① 将①式两边同乘 $\sqrt{(x+c)^2+y^2}-\sqrt{(x-c)^2+y^2}$，再同除以 $2a$，得 $\sqrt{(x+c)^2+y^2}-\sqrt{(x-c)^2+y^2}$ $=\frac{1}{2a}[(x+c)^2-(x-c)^2]=\frac{2cx}{a}$，可求出 $\sqrt{(x+c)^2+y^2}=a+\frac{cx}{a}$，② $\sqrt{(x-c)^2+y^2}=a-\frac{cx}{a}$，③

续表

人教 A 版	RTB 版
$(a^2 - c^2)x^2 + a^2y^2 = a^2(a^2 - c^2)$。 两边同除以 $a^2(a^2 - c^2)$，得 $$\frac{x^2}{a^2} + \frac{y^2}{a^2 - c^2} = 1 \quad ①$$ 由椭圆的定义可知，$2a > 2c$，即 $a > c$，所以 $$a^2 - c^2 > 0。$$ 令 $b = \sqrt{a^2 - c^2}$，那么①式就是 $$\frac{x^2}{a^2} + \frac{y^2}{b^2} = 1$$	将②式两边同时平方，整理得 $$x^2 + c^2 + y^2 = a^2 + \frac{c^2}{a^2}x^2，$$ 即 $\frac{a^2 - c^2}{a^2}x^2 + y^2 = a^2 - c^2$。 因为 $a \neq c$，所以上式可以化成 $$\frac{x^2}{a^2} + \frac{y^2}{a^2 - c^2} = 1。④$$ 因为 $a > c$，令 $b^2 = a^2 - c^2 \leqslant a^2$，可得 $$\frac{x^2}{a^2} + \frac{y^2}{b^2} = 1。⑤$$ 等式②或③两侧同时平方，可能会出现多余的根，但是 $a \pm \frac{cx}{a} < 0$ 这种情况是不会发生的。 从公式⑤可以看出，$|x| < a$，因此 $|\frac{cx}{a}| < c < a$，从而 $a \pm \frac{cx}{a} > 0$，所以公式⑤和公式①等价

由表 6-21 可知，对于求解椭圆的标准方程，人教 A 版采用的是处理含有两个根式的方程这一较常规的方法，将一个根式移到另一边，进行平方、整理、再平方，而 RTB 版则是利用平方差公式。

4. 研究结论与建议

1) 两版教材都具有较强的逻辑性与系统性，但 RTB 版更简单抽象，人教 A 版更重视对知识的直观感知，数形结合更加紧密

两版教材在椭圆、双曲线和抛物线三块内容的讲解过程中都有自身统一的教学模式，条理清晰。RTB 版用极限思想解释渐近线，人教 A 版利用几何画板进行演示，让学生直观感知；RTB 版在介绍椭圆的性质之后给出焦点在 x 轴上的椭圆的图形，因此焦点、对称轴、对称中心等知识点仅用语言描述，未结合图形，但人教 A 版在介绍相关知识点时基本上都结合了图形。

2) 人教 A 版的交互性强，更注重培养学生的探究能力，强调数学与科技、生活的联系

RTB 版基本上采用平铺直叙的方式，一些知识点会在没有思考和说明的情况下直接给出，例如未让学生思考怎样选择坐标系才能使椭圆的方程简单，就直接介绍在怎样的坐标系下探讨椭圆方程。人教 A 版设置"思考""探究"模块，还有多处旁注，让学生积极主动地进行思考探究，有较强的交互性，但也使得知识

点分散，不利于构建知识体系。另外，RTB 版几乎全部知识都基于数学背景，而人教 A 版图文并茂，除基于数学背景外，还依托生活背景和科学背景，强调数学与生活、科技的联系，有利于培养学生学习数学的兴趣。

3) 人教 A 版更注重知识应用，例题与习题更丰富

RTB 版没有设置例题，在学习完椭圆、抛物线和双曲线后共有 8 个习题。而人教 A 版在介绍完椭圆、抛物线和双曲线后，分别都有例题、课内练习、习题 A 组和 B 组。相比于 RTB 版，人教 A 版提供学生更多知识应用和巩固知识的机会，知识难度梯度也较丰富，但也使得一些知识反复机械操作。

整体而言，人教 A 版的设置更为丰富，与学生的交互性强，但也要求学生有较高学习自觉性。如何让学生能主动思考并解决问题，充分发挥教材中丰富的课内外材料的价值值得思考。人教 A 版应在保持现有优势的基础上，学习 RTB 版的条理清晰，适当精简习题。

6.3　中德数学教材比较研究

1. 研究对象

"椭圆"内容作为学生系统学习圆锥曲线的开端，充分体现了用代数方法研究几何问题的这一基本思想，同时椭圆的简单几何性质也充分反映了利用曲线方程研究其几何性质的方法，为后续通过类比来探究学习双曲线、抛物线等知识打下坚实基础。选择中国人教 A 版数学选修 2-1 教材 2.2 节"椭圆"内容和德国 ALS 版《解析几何基础课程》教材第 5 章"椭圆"(Ellipse)内容，采用文献研究法和比较研究法，从宏观和微观两个角度对两版教材相关内容进行定性与定量分析，探寻两版教材内容编排的异同点。

2. 宏观比较

1) 编排顺序比较

将两版教材"椭圆"内容纵向展开并进行对比，得到表 6-22。

表 6-22　两版教材的编排顺序

版本	ALS 版	人教 A 版
教科书	《解析几何基础课程》(Analytische Geometrie Grundkurs)	选修 2-1
上行单元	第 4 章　圆和球 (Ⅳ Kreise und Kugeln)	第一章　常用逻辑用语
单元名称	第 5 章　椭圆(Ⅴ Ellipse)	第二章　圆锥曲线与方程

续表

版本	ALS 版	人教 A 版
单元大纲	5.1 轴向伸缩 (Axiale Streckungen) 5.2 作为圆之象的椭圆 (Die Ellipse als Bild eines Kreises) 5.3 椭圆的切线 (Tangenten an eine Ellipse) 5.4 作为轨迹的椭圆 (Die Ellipse als Ortskurve) 5.5 椭圆焦点的性质 (Brennpunkteigenschaften der Ellipse) 5.6 综合练习 (Vermischte Aufgaben)	2.1　曲线与方程 2.1.1　曲线与方程 2.1.2　求曲线的方程 2.2　椭圆 2.2.1　椭圆及其标准方程 2.2.2　椭圆的简单几何性质 2.3　双曲线 2.3.1　双曲线及其标准方程 2.3.2　双曲线的简单几何性质 2.4　抛物线 2.4.1　抛物线及其标准方程 2.4.2　抛物线的简单几何性质 小结 复习参考题
下行单元	无	第三章　空间向量与立体几何

　　由表 6-22 可知，ALS 版“椭圆”(Ellipse)的上行单元为“圆和球”(Kreise und Kugeln)，没有下行单元。椭圆内容的学习是建立在学生已经掌握平面中圆的相关知识的基础上，通过圆方程来求解椭圆方程。人教 A 版“椭圆”的上行知识是曲线与方程的关系以及曲线方程的求法，下行知识为双曲线的方程及简单的几何性质。椭圆内容的学习是建立在学生已经学习曲线与方程知识的基础上，对椭圆这种特殊圆锥曲线进行学习。同时，ALS 版的椭圆内容单独成一章，说明椭圆内容在德国课程中是很重要的一块内容，而人教 A 版将椭圆内容作为圆锥曲线方程中的一节，与双曲线、抛物线同时进行学习，这样安排可以让学生比较这三种曲线的不同性质，加深对这三种特殊的圆锥曲线的认识。

　　2) 内容分布比较

　　根据知识点对两版教材“椭圆”内容进行划分，得到表 6-23。

表 6-23　两版教材的内容分布

	ALS 版	人教 A 版
课程名称	5.1 轴向伸缩 5.2 作为圆之象的椭圆 5.3 椭圆的切线 5.4 作为轨迹的椭圆 5.5 椭圆焦点的性质	2.2.1　椭圆及其标准方程 2.2.2　椭圆的简单几何性质
课程内容	轴向伸缩 椭圆的方程 椭圆的切线方程 椭圆的轨迹 椭圆的焦点的性质	椭圆的轨迹 椭圆的标准方程 椭圆的简单几何性质

　　由表 6-23 可知，ALS 版共有 5 块主要内容，其中第一块内容(轴向伸缩)，第三块内容(椭圆的切线方程)，第五块内容(椭圆的焦点的性质)，人教 A 版中没有介绍。此外，ALS 版的第二块内容为椭圆的方程，从理解轴向伸缩这一基本概念出发，运用图文结合方式给出椭圆的定义，并阐述椭圆的外切圆半径、内切圆半径、椭圆的主圆、中心、长半轴、短半轴等概念，还给出椭圆面积的计算公式以及椭圆的方程。人教 A 版在本章 2.2 节中介绍相应内容，但其概念建立的出发点是"圆锥曲线与方程"，对于椭圆的定义也有所区别，并且没有对椭圆的外切圆半径、内切圆半径、椭圆的主圆、椭圆面积的计算公式进行介绍。

　　ALS 版的第四块内容为椭圆的轨迹，其间给出椭圆焦点的概念，并利用椭圆方程计算得出椭圆上的任一点到椭圆两焦点的距离和为一定值 $2a$ (a 为长半轴)的性质；人教 A 版在本章 2.2 节中也有相应内容介绍，但是对于椭圆上的任一点到椭圆两焦点的距离和为一定值 $2a$ (a 为长半轴)的性质是通过椭圆的定义给出的。

　　另外，ALS 版整体上遵循从椭圆方程到椭圆轨迹的学习顺序，而人教 A 版则是先探究到两定点距离相等的点的轨迹，并将其定义为椭圆，再根据椭圆的定义求出椭圆方程。

　　3. 微观比较

　　根据表 6-23，以"椭圆"内容为核心，分别整理两版教材的知识点，发现人教 A 版有 14 个知识点，分别是定义、焦点、焦距、标准方程、标准方程推导、焦点在 y 轴的椭圆方程、圆和椭圆的关系、范围、对称性、中心、顶点、长短轴、离心率、直线与椭圆的交点；ALS 版有 18 个知识点，分别是轴向伸缩定义、轴向伸缩方程表示、轴向伸缩性质、椭圆定义、椭圆的主圆、椭圆中心、轴点、长短轴、椭圆面积、椭圆方程、椭圆切线方程、焦点、轨迹、直线离心率、法线平分、椭圆的准圆、定理 2、公理 3。

　　1) 知识目标水平比较

　　根据知识目标水平分析框架，比较两版教材"椭圆"内容的知识点，得到表 6-24，并绘制图 6-5。

表 6-24　两版教材的知识目标水平

	ALS 版(N=18)		人教 A 版(N=14)	
	n	百分比	n	百分比
了解	4	22.22%	3	21.43%
理解	11	61.11%	9	64.29%
掌握与应用	3	16.67%	2	14.29%

注：N 表示知识点的总数量，n 表示相应类型所对应知识点的数量。

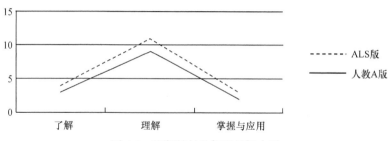

图 6-5　两版教材的知识目标水平

由表 6-24 和图 6-5 可知，ALS 版和人教 A 版属于了解目标水平的知识点分别有 4 个和 3 个；属于理解目标水平的知识点分别有 11 个和 9 个；属于掌握与应用目标水平的知识点分别有 3 个和 2 个。两版教材在知识目标水平上的分布非常相似，绝大部分知识属于理解目标水平，而属于了解目标水平和掌握与应用目标水平的知识点较少，这是因为 ALS 版和人教 A 版在知识点的编排上大多依据学生经验确立椭圆相关的概念、性质、公理。

2) 知识呈现方式比较

根据知识呈现方式分析框架，比较两版教材"椭圆"内容的知识点，得到表 6-25，并绘制图 6-6。

表 6-25　两版教材的知识呈现方式

	ALS 版(N=18)		人教 A 版(N=14)	
	n	百分比	*n*	百分比
知识导入	6	33.33%	5	35.71%
知识体验	1	5.56%	3	21.43%
知识讲解	10	55.56%	9	64.29%
知识应用	15	83.33%	12	85.71%
知识拓展	0	0.00%	2	14.29%

注：*N* 表示知识点的总数量，*n* 表示相应类型所对应知识点的数量。

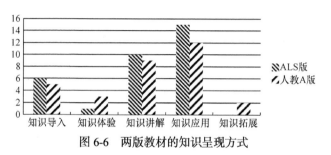

图 6-6　两版教材的知识呈现方式

由表 6-25 和图 6-6 可知，人教 A 版均有知识点涉及知识呈现方式的五个方面，而 ALS 版没有知识点涉及知识拓展，其他四个方面均有知识点涉及。此外，ALS 版和人教 A 版教材涉及知识应用方面的知识点最多，分别占总数的 83.33% 和 85.71%，其次是知识讲解方面，分别占总数的 55.56% 和 64.29%，知识体验方面均较少。

　　结合教材内容发现，两版教材在知识呈现方式上的差异主要表现在知识体验和知识拓展方面。人教 A 版每一节都有"探究"模块，以此让学生体验知识的产生过程，启发学生思考问题，训练学生的思维。而 ALS 版更加重视学生正确使用数学语言，重视理论知识的迁移。另外，人教 A 版设置"探究与发现""信息技术应用"模块，使学生在基础知识的学习上获得进一步发展。

　　具体地，对两版教材"椭圆的定义"和"椭圆的标准方程"这两个重点知识进行深入比较研究，发现两版教材在知识讲解上有很大的不同。

　　ALS 版对椭圆的定义表征为：具有轴向伸缩的圆的图象被称为椭圆(das bild eines Kreises bei einer axialen streckung heißt ellipse)。上文已提到，ALS 版的上行单元为圆和球(Kreise und Kugeln)，因此 ALS 版中椭圆的定义是基于圆的知识，从图象的角度来定义的(图 6-7)。

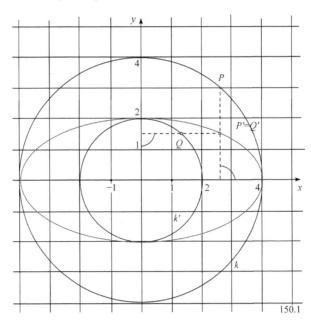

图 6-7　ALS 版的椭圆定义

　　紧接着，椭圆的面积、椭圆的标准方程均通过圆的知识来阐述解释。对椭圆标准方程的基本讲解过程如下：

　　圆的标准方程为 $x^2 + y^2 = a^2$，设椭圆上任一点 (x', y')，$x' = x$，$y' = \dfrac{b}{a}y$，则

$$x'^2 + \left(\frac{a}{b}y'\right)^2 = a^2 ,$$

化简后得到 $\frac{(x')^2}{a^2} + \frac{(y')^2}{b^2} = 1$。

人教 A 版对椭圆的定义表征为：我们把平面内与两个定点 F_1，F_2 的距离的和等于常数(大于 $|F_1F_2|$)的点的轨迹叫做椭圆。人教 A 版根据椭圆轨迹产生的原理，让学生通过动手操作、亲身体验，从而发现椭圆这一曲线(图 6-8)。

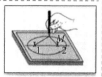

取一条定长的细绳，把它的两端都固定在图板的同一点处，套上铅笔，拉紧绳子，移动笔尖，这时笔尖(动点)画出的轨迹是一个圆，如果把细绳的两端拉开一段距离，分别固定在图板的两点处(图2.2-1)，套上铅笔，拉紧绳子，移动笔尖，画出的轨迹是什么曲线？

图2.2-1

在这一过程中，你能说出移动的笔尖(动点)满足的几何条件吗？

图 6-8　人教 A 版的椭圆定义

自然地，椭圆标准方程的讲解也是一脉相承的，根据 $|MF_1|+|MF_2|=2a$ 推理得到。

可见，ALS 版非常注重数学知识内部的联系与知识的应用、迁移，而人教 A 版多从数学知识的本质出发，探究其生成过程。

3) 知识背景比较

根据知识背景分析框架，比较两版教材"椭圆"内容的知识背景，得到表 6-26，并绘制图 6-9 和图 6-10。

表 6-26　两版教材的知识背景

知识背景	ALS 版	人教 A 版
无背景	10	4
科学背景	0	0
生活背景	2	1
数学背景	6	8

由表 6-26 以及图 6-9 和图 6-10 可知，ALS 版的知识点大多数是没有背景的，仅与本章的知识点相关，进行专题式的教学；而人教 A 版的大部分知识点具有数

图 6-9　ALS 版的知识背景　　　　　图 6-10　人教 A 版的知识背景
　　　　　　　　　　　　　　由于四舍五入，人教 A 版知识背景的百分比之和为 99.99%

学背景，知识点与非本章的数学知识有关，可以看出人教 A 版在编排上比较注重
新知识与旧知识的关联性。两版教材涉及生活背景的知识点均比较少。

4. 研究结论与建议

1) 人教 A 版形式更为丰富，教材的可读性较高

人教 A 版在教材中设置"探究与发现""阅读与思考"等栏目，让学生在探
究中学习知识，不仅拓展了学生的知识面，同时也不失为培养学生数学学习兴趣
的一个途径。教材应适当增加促进学生思考的栏目，引导学生探究知识，同时注
意丰富栏目呈现形式，提升教材的可读性，吸引学生兴趣和注意力。

2) ALS 版注重数学知识的联系和应用，人教 A 版注重知识的直观感知

从椭圆概念的生成可以看出，ALS 版注重数学知识之间的联系，注重数学知
识的应用和迁移。此外，ALS 版有层次地使学生对相应知识点从初步了解到熟悉
掌握。而人教 A 版注重对知识的直观感知，在简单的知识陈述之后，让学生通过
记忆掌握其知识点，未能全面启发学生的应用能力。

3) 两版教材涉及的知识背景均较少，应适当丰富知识的生活背景

两版教材在知识背景上存在较大的差异，ALS 版的知识点大多数是没有背景
的，而人教 A 版的大部分知识点具有数学背景，同时注重新旧知识之间的联系，
但两版教材的知识在生活背景上都涉及不多。教材编写者应加强知识与生活、科
技等方面的联系，使得知识背景多样化，让学生感受知识与其他事物的密切关系。

6.4　中美俄数学教材比较研究

1. 研究对象

圆锥曲线具有丰富的文化和现实背景。开普勒在研究行星运行时发现它们的运
行轨道是近似椭圆形的，中国的古代建筑中也不乏类似桥拱的圆锥曲线图形。而在
教育研究中，圆锥曲线一直以来都是各国高中数学课程的重点内容。选择中国人教 A

版数学选修 2-1 教材第二章"圆锥曲线与方程"内容、美国 APH 版《代数 2》教材第十章"二次关系式和圆锥曲线"(Quadratic Relations and Conic Sections)内容和俄罗斯 RTB 版《10—11 年级几何》教材第八章第四节"椭圆、双曲线和抛物线"(Эллипс, гипербола и парабола)内容, 采用文献研究法和比较研究法, 从宏观和微观两个角度对两版教材相关内容进行定性与定量分析, 探寻两版教材内容编排的异同点。

2. 宏观比较

1) 体例结构比较

观察教材的体例形式可以从整体上了解教材的框架结构, 在研究具体教学内容时能有一个清晰的脉络。梳理三版教材的体例结构, 主要考察章、节的安排结构, 以及一些重要的附属章节, 得到图 6-11—图 6-13。

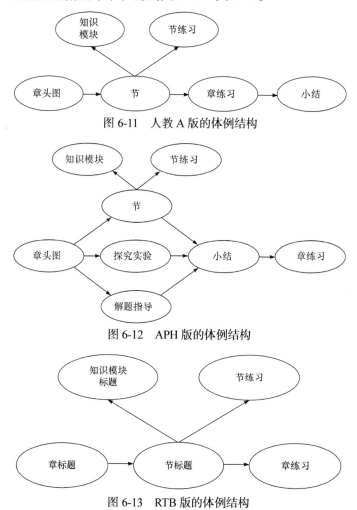

图 6-11　人教 A 版的体例结构

图 6-12　APH 版的体例结构

图 6-13　RTB 版的体例结构

由图 6-11—图 6-13 可知，人教 A 版的体例层次清晰，每一章开头都单独安排两页展示章标题与小节名，在章节目录的适当位置编排章节引言，介绍本章内容的知识背景、发展历史与应用价值。接下来两级分别为节和知识模块，知识模块细分了每一节，将联系紧密的知识按照顺序编排在一起。在每章结束的地方还分别设置了练习和本章小结。

APH 版的体例丰富，设置单独的章头页，在节与节之前还穿插许多活动，例如探究实验(Activity Lab)、解题指导(Guide Problem Sloving，GPS)等。在每一节结束也设置了节练习。章末也有小结和章练习，且内容详细，知识要点、习题、解题技巧俱全。

RTB 版的设计略微简约，分为三级标题，包括章标题和节标题、知识模块标题，安排紧凑，没有单独章前页。每一章节也和人教 A 版类似，设置章练习和节练习。但是在每一节最后并没有知识总结。总体上来说，教材内容直叙中心，体例结构并不复杂。

2) 编排顺序比较

对三版教材"圆锥曲线"内容从上行单元、单元大纲、下行单元三方面进行比较，得到表 6-27。

表 6-27　三版教材的编排顺序

	人教 A 版	RTB 版	APH 版
上行单元	第一章　常用逻辑用语	第 7 章　几何体的体积 (Глава Ⅶ Объемы тел)	第 9 章　有理函数 (Rational Functions)
单元名称	第二章　圆锥曲线与方程	第 8 章　平面几何的一些知识 (Глава Ⅷ Некоторые сведения из планиметрии)	第 10 章　二次关系式和圆锥曲线 (Quadratic Relations and Conic Sections)
单元大纲	2.1　曲线与方程 2.2　椭圆 2.3　双曲线 2.4　抛物线	1. 与圆有关的角和线段 (Углы и отрезки，связанные с окружностью) 2. 解三角形 (Решение теругольников)	10-1 探索圆锥曲线 (Exploring Conic Sections) 10-2 抛物线 (Parabolas)
单元大纲	2.1　曲线与方程 2.2　椭圆 2.3　双曲线 2.4　抛物线	3. 梅涅劳斯定理和塞瓦定理 (Теоремы Менелая и Чевы) 4. 椭圆、双曲线和抛物线 (Эллипс, гипербола и парабола)	10-3 圆 (Circles) 10-4 椭圆 (Ellipses) 10-5 双曲线 (Hyperbolas) 10-6 圆锥曲线的平移 (Translating Conic Sections)

续表

	人教 A 版	RTB 版	APH 版
下行单元	第三章　空间向量与立体几何	**附录** 1. 空间图形的画法 2. 关于几何学的公理	第 11 章　数列和级数 (sequences and series)

由表 6-27 可知,三版教材"圆锥曲线"内容都是以椭圆、双曲线和抛物线作为主体内容,但在细节上存在差异:①RTB 版将圆锥曲线归为几何,而 APH 版将其归为代数。仔细推敲圆锥曲线内容,若从平面截圆锥得到圆锥曲线的角度看,这是一个几何学问题,而这类曲线往往放在平面直角坐标系内进行分析,对几何问题代数化处理,则更倾向于代数学问题。②人教 A 版将圆锥曲线安排在选修模块,上行单元为"常用逻辑用语",下行单元为"空间向量与立体几何",与圆锥曲线的联系并不紧密,APH 版的编排情况也是如此,而 RTB 版没有将圆锥曲线作为独立的一章。三版教材都将圆锥曲线安排在选修模块或教材章节的靠后位置,反映出圆锥曲线的学习具有一定的难度。③人教 A 版在分别介绍椭圆、双曲线和抛物线之前先介绍曲线与方程,明确区分函数和曲线方程,为介绍圆锥曲线作铺垫;APH 版还将圆的内容也纳入圆锥曲线范围内。按照定义,圆也是一类圆锥曲线,体现了知识体系逻辑上的严谨性;RTB 版则并列式地使用三节篇幅介绍三类圆锥曲线,简单明了。

3) 内容分布比较

为了从宏观上对章节的知识内容分布有一个了解,将三版教材"圆锥曲线"的知识点罗列出来并统计,得到表 6-28,并绘制图 6-14。

表 6-28　三版教材的知识点

	知识点	人教 A 版	RTB 版	APH 版
	曲线与方程	1	0	0
	求曲线的方程	1	0	0
	圆锥曲线几何意义	1	0	1
椭圆	定义	1	1	1
	焦点	1	1	1
	焦距	1	0	0
	标准方程	1	1	1
	标准方程推导	1	1	0
	焦点在 y 轴的椭圆方程	1	1	1
	圆和椭圆的关系	1	0	0

	知识点	人教 A 版	RTB 版	APH 版
椭圆	范围	1	1	0
	对称性	1	1	1
	中心	1	1	1
	顶点	1	1	1
	长轴、短轴	1	1	1
	离心率	1	1	0
	准线	0	1	0
	椭圆第二定义	0	1	0
	直线与椭圆的交点	1	1	0
	椭圆的平移	0	0	1
双曲线	定义	1	1	1
	焦点	1	1	1
	焦距	1	0	0
	标准方程	1	1	1
	标准方程推导	1	1	0
	焦点在 y 轴的双曲线方程	1	1	1
	范围	1	1	0
	对称性	1	1	1
	中心	1	1	1
	顶点	1	1	1
	实轴、虚轴	1	1	1
	渐近线	1	1	1
	等轴双曲线	1	0	0
	离心率	1	1	0
	准线	0	1	0
	双曲线第二定义	0	1	0
	直线与双曲线的交点	1	1	0
	$y = \dfrac{k}{x}(k \neq 0)$ 是特殊的双曲线	0	1	0
	双曲线的平移	0	0	1
抛物线	定义	1	1	1
	焦点	1	1	1

续表

	知识点	人教 A 版	RTB 版	APH 版
抛物线	准线	1	1	1
	标准方程	1	1	1
	标准方程推导	1	1	1
	焦点在 y 轴的抛物线方程	1	1	1
	范围	1	1	0
	顶点	1	1	0
	对称性	1	1	1
	离心率	1	1	0
	直线与抛物线的交点	1	1	0
	抛物线的平移	0	0	1
圆	圆心、半径	0	0	1
	圆的平移	0	0	1
	参数方程	0	0	1

注：①人教 A 版、RTB 版将圆的内容安排在其他章节，故在罗列圆的知识点时有所简略。②"1"表示教材包含知识点，"0"表示不包含。

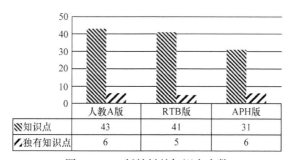

	人教A版	RTB版	APH版
知识点	43	41	31
独有知识点	6	5	6

图 6-14　三版教材的知识点个数

　　由表 6-28 和图 6-14 可知，人教 A 版有 43 个知识点，RTB 版有 41 个知识点，APH 版的知识点数量稍少，只有 31 个知识点。在知识点的选择上，一些较为基础的知识点，例如三种圆锥曲线的定义、标准方程、焦点、对称性，三版教材都有。另外，人教 A 版有 6 个独有知识点，分别是曲线与方程、求曲线的方程、椭圆的焦距、圆和椭圆的关系、双曲线的焦距、等轴双曲线；RTB 版有 5 个独有知识点，分别是椭圆的准线、椭圆第二定义、双曲线的准线、双曲线第二定义、$y = \dfrac{k}{x}(k \neq 0)$ 是特殊的双曲线；APH 版有 6 个独有知识点，分别是椭圆的平移、双曲线的平移、抛物线的平移以及和圆相关的知识点。

人教 A 版对有关曲线与曲线方程的相关知识作了交代，为引出圆锥曲线做了一个知识体系与数学逻辑上的铺垫，便于之后用代数的方法解决圆锥曲线与其他曲线的关系之类的问题。人教 A 版并没有明确给出圆锥曲线的第二定义，从一定程度上简化教材难度，使得学生更容易理解其内容。

RTB 版主要考虑主干知识点，按照三类圆锥曲线进行介绍，直截了当；但是对于每块内容所含知识点的要求更高，例如教材含有椭圆及双曲线的第二定义等内容。教材还通过旋转坐标轴的方法说明了反比例函数也是一类双曲线，知识要求较高，但其没有在计算机应用方面的知识点。

APH 版的知识点与其他两本教材的差别较大，它将圆的知识设置在圆锥曲线中，严格符合圆锥曲线的定义，而人教 A 版与 RTB 版则将其视为基础内容，在更早的章节向学生介绍。APH 版还介绍了圆锥曲线的平移，但其他知识点的深度稍逊于人教 A 版与 RTB 版。

在具体知识点呈现上，三版教材有所差别。例如，人教 A 版与 RTB 版抛物线标准方程为 $x^2 = ay$ 或 $y^2 = ax$；APH 版的抛物线标准方程为 $y = a(x-k)^2 + h$ 或 $x = a(y-k)^2 + h$，顶点、对称轴为坐标轴的抛物线只是一种特殊形式。

总体来看，RTB 版的知识点覆盖面窄而深，APH 版的知识点覆盖面广而略浅，人教 A 版的知识点覆盖面居于两者之间。

3. 微观比较

教材中设置的习题既可以对所学内容进行巩固，又可以对教学成果进行检验，下面对三版教材的课后习题进行比较分析。

1）习题数量和位置比较

人教 A 版在章末和节末均设置习题，在部分知识单元的末尾也设置习题；RTB 版只在章末安排习题；APH 版在章末和节末都设置了习题。整理三版教材习题的数量和位置，得到表 6-29。

表 6-29　三版教材习题的数量和位置

版本	位置	标签	习题数量
人教 A 版	知识单元之后	■练习	29
	节末	■习题	37
	章末	■复习参考题	29
	习题数量小计		95
RTB 版	章末	任务(Задачи)	8
	习题数量小计		8

续表

版本	位置	标签	习题数量
APH 版	节末	■练习(Exercises) □练习和问题解决 (Practice and Problem Solving) □考试准备(Test Prep) □回顾练习(Mixed Review)	484
		■要点检测(Check Point Quiz)	19
	章末	■章节回顾 (Chapter Review) ■章节测试 (Chapter Test)	86
	习题数量小计		589

由表 6-29 可知,人教 A 版的习题数量适中,共有 95 题,平均每节 20 多题; RTB 版的习题数量偏少,仅有 8 题;APH 版的习题数量最多,有 589 题。课后习题的数量受教材的编写理念影响,同时也与习题类型、认知要求等因素有关,通过下文对习题的进一步分析可见一斑。此外,通过具体分析 RTB 版的习题,发现习题数量虽不多但颇具难度。

从习题的标签上来看,不同的标签反映出习题的功能不同。人教 A 版以"练习"和"习题"表明标签后的内容为习题;以"复习参考题"表明标签后的内容是全章的复习题。APH 版的标签较多:在小节之后设置"Exercises"表明标签后的内容为习题;在"Exercises"中分别设置"Practice and Problem Solving""Test Prep""Mixed Review"等对习题分类,并以标签说明习题的功能;在部分小节的"Exercises"之后还安排"Check Point Quiz",对前面几节的知识点进行节末测试,在章末安排"Chapter Review"和"Chapter Test"用来检测整章的知识。RTB 版则在章末设置"任务(Задачи)"作为全章的习题。

2) 作答类型比较

在已有研究的基础上(林丹等,2015;Mayer et al.,1995),根据教材具体内容,将数学习题的作答方式分为:只需答案、解答、论述、证明、作图(包括在给出的图象上按要求绘制)和新题型。部分习题同时具有上述几个要求,只将其归为一类习题,不重复统计(例如,若解答题的最后提出作出图形的要求,则只归为解答题)。据此分类统计三版教材"圆锥曲线"的习题数,并计算每类习题的百分比,得到图 6-15。

由图 6-15 可知,三版教材"圆锥曲线"的论述、证明、新题型这三种类型的习题均较少，因为论述题、证明题、新题型对解题的要求比较高，且出题时难以做到简单重复以便学生反复练习。人教 A 版的解答题最多，占总题量的 71.57%，达到一半以上，而只需答案的题目和作图题相对较少，这表明人教 A 版更倾向设置有答案并需要解答过程的题目，通过学生的解答过程了解学生对知识的掌握程度。RTB 版的习题主要是解答题和论述题，也和 RTB 版的题量少有关。在题量少的前提下，RTB 版设置较高难度的习题不会加重学生的学业负担，学生有足够的时间完成习题。APH 版只需给出答案，不需要过程的习题最多，占 63.93%，这些习题往往是一些"根据给出条件，写出方程""求出焦点""求对称轴"等概念性题目，而作图题也占了较大比重，这反映了 APH 版对学生动手操作的要求较高。

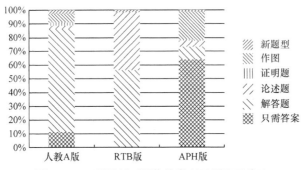

图 6-15　三版教材不同作答类型习题的百分比

　　总的来说，APH 版的题量最大，但要求较低，往往要求学生绘制图象；RTB 版的题量很少，但要求较高，需要较高的思维能力和较强的解题技能；人教 A 版题量适中，偏向于考查学生解决问题的过程。

　　3) 认知要求比较

　　借鉴顾泠沅对布鲁姆认知目标分类在连续性和层次性方面进行改造得到的数学认知的四个层次(顾泠沅等，2008)，结合三版教材"圆锥曲线"内容，将这四个水平具体化。

　　水平 1：计算——操作性记忆水平；按照可重复的操作程序进行简单的计算。

　　水平 2：概念——概念性记忆水平；考查学生对圆锥曲线概念、性质、方程式等的理解。

　　水平 3：领会——说明性理解水平；对概念、性质等有更加深刻的理解，能够发现知识结构的内涵与本质，对知识结构也有自己的见解，在此基础上来解决一些常规性习题。

　　水平 4：分析——探究性理解水平；能够解决一些非常规的问题。

其中，前两个水平为记忆水平，属于较低层次的认知水平；后两者为理解水平，属于较高层次的水平，第四个水平通常认为是高认知水平。

统计三版教材"圆锥曲线"各个水平的习题数量，并计算每版教材中各个水平习题所占的比例，得到图6-16。

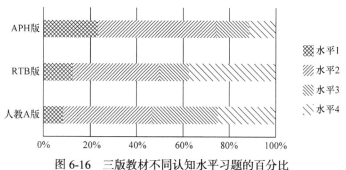

图 6-16　三版教材不同认知水平习题的百分比

由图6-16可知，三版教材操作性记忆水平的习题均较少，概念性记忆水平的习题均最多。人教 A 版水平 1，2 和水平 3，4 的题目差不多各占了一半，低认知水平的习题数和高认知水平的习题数相当；RTB 版约一半的题目属于低认知水平，与人教 A 版的情况类似，但水平 4 的习题占比也很高，这与 RTB 版的习题数量少但难度要求高有关；APH 版的低认知水平的题目占了多数，这与其习题多有关，此外，虽然属于水平 3，4 的题目并不少，数量上甚至多于另两版教材，但因为高认知水平习题的难度较高，因此不可能大量设置这类习题。

4. 研究结论与建议

1) 考虑学生的认知特点，调整内容编排方式

人教 A 版内容的编排考虑知识的内在逻辑性更多，考虑学生的认识顺序较少。对于椭圆、双曲线、抛物线内容的编排，可以考虑除并列式之外的其他方式，例如参考 APH 版的做法，在章具体学习椭圆、双曲线、抛物线内容之前，单独设置"初步认识圆锥曲线"一节，帮助学生得到一些基本概念；在章节中间穿插解题指导、期中练习，帮助学生认识知识点。

2) 适当调整知识点，使知识内容更合理

人教 A 版并没有明确提出圆锥曲线的第二定义，但在例题中给出第二定义的应用，可以考虑对其中隐含的知识点作一些说明，拓宽学生的知识面。另外，教材也可以考虑增加利用信息技术绘图、图象的平移等知识点，加强数学与科技发展的联系性。

3) 在小结后设置针对性习题，帮助学生及时巩固知识

APH 版在每一条知识点小结的后面都设置了相对应的习题，教材编写者可以

在总结的知识点后安排习题，体现这些抽象知识点的具体应用价值，帮助学生更好理解知识。

4) 适当丰富习题类型，增加探究性习题的数量

人教 A 版的习题数量适中，但是在各作答类型习题的比例上不够均衡，解答题占了其中的大多数。教材编写时可以适当增加一些作图题、探究题、信息阅读题，以丰富题型，锻炼学生提取信息、动手操作、思考创新的能力。

第7章　教材比较案例(四)
——平面向量比较研究

19 世纪末 20 世纪初发展起来的"向量数学"是近代数学中重要概念之一，它有着深刻的几何背景，是解决几何问题的有力工具，备受人们的关注。平面向量不仅在解决几何问题中有着广泛的应用，而且在物理学、工程科学等方面也有着广泛的应用，同时它还是沟通代数、几何和三角函数的有力工具，有着极其丰富的实际背景，进而很快形成了一套具有优良运算通法的数学体系。向量被引入了高中数学课程，极大地丰富了高中数学的内涵，也拓宽了高中数学解题的思维空间。选取平面向量内容，对中国、新加坡、日本、澳大利亚、法国现行数学教材中这一内容进行比较，探寻各国平面向量内容设置的异同点。

7.1　中新数学教材比较研究

1. 研究对象

中新两国虽然都极为重视基础教育且都在高中(相当于新加坡的大学先行修班)引入向量的教学，但是两国在向量内容的编排和呈现方式等方面还有着较大的差异。选择中国人教 A 版数学必修 4、选修 2-1 教材与新加坡 SHM 版《H2 数学》教材，采用文献研究法和比较研究法对两版教材"向量"内容进行定性与定量分析，探寻两版教材内容编排的异同点。①

2. 知识思维水平比较

人教 A 版和 SHM 版主要通过向量的性质来认识向量，并依据这些性质来解决问题，其中人教 A 版更注重知识的推理和证明。根据知识思维水平分析框架，进一步对两版教材知识点的具体内容进行全面、深入的分析，得到表 7-1。

---

① 本节只从微观角度下的知识思维水平、知识呈现方式和知识背景三方面对两版教材内容展开比较。

表7-1　两版教材的知识思维水平

	人教 A 版(N=184)		SHM 版(N=162)	
	n	百分比	n	百分比
直观性水平	5	2.72%	5	3.09%
描述性水平	157	85.33%	149	91.98%
理论性水平	22	11.96%	8	4.94%

注：N表示知识点的总数量，n表示相应类型所对应知识点的数量。

由表 7-1 可知，人教 A 版和 SHM 版"向量"内容中，直观地从外表来认识、命名或画出几何图象这一思维水平的知识点所占比例最少，分别为 2.72%和 3.09%；主要都处在描述性水平，两版教材分别占 85.33%和 91.98%，也就是说人教 A 版和 SHM 版依据学生的经验确立向量有关的概念、性质和公理后，基本上要求学生使用这些性质直接解决一些计算和实际应用问题；对于利用演绎推理证明几何关系这一理论性水平，两版教材所占比例都比较小(人教 A 版为 11.96%，SHM 版为 4.94%)，相比之下，人教 A 版在"向量"内容中更注重逻辑的推理和证明。具体分析教材内容也发现，SHM 版在"向量"内容中仅对一些定理进行推理证明；而人教 A 版除了对一些定理进行推理证明之外，在例题中也要求学生对一些知识进行逻辑推理和证明。

3. 知识呈现方式比较

人们通常采用直观感知、操作确认、思辨论证、度量计算等方法认识和探索几何图形及其性质，并且其认知水平逐步上升。从表面来看，人教 A 版更注重知识的产生与知识的体验过程，SHM 版更关注知识的直接运用。根据知识呈现方式分析框架，比较两版教材"向量"内容，得到表 7-2。

表7-2　两版教材的知识呈现方式

	人教 A 版(N=184)		SHM 版(N=162)	
	n	百分比	n	百分比
知识导入	8	4.35%	3	1.85%
知识体验	22	11.96%	2	1.23%
知识表征	62	33.70%	60	37.04%
知识讲解	33	17.93%	29	17.90%
知识应用(例题)	43	23.37%	66	40.74%
知识拓展	16	8.70%	2	1.23%

注：N表示知识点的总数量，n表示相应类型所对应知识点的数量。

由表 7-2 可知，人教 A 版和 SHM 版在知识呈现方式上存在一定的差异，首先是知识体验和知识应用(例题)两方面，两者所占比例相差 10% 以上，说明人教 A 版更注重知识的体验过程，关注知识的来龙去脉，而 SHM 版更关注知识的直接运用。其次是知识拓展，两者所占比例相差 7.47%，人教 A 版在每一节都会有"探究"和"思考"模块，以启发学生更深入地思考问题，更广泛地挖掘知识。在知识导入和知识表征这两方面，两版教材所占比例相差不大，但各有各的侧重点，人教 A 版在每节内容开始都会通过旧知或者问题思考的形式引入新知，更注重知识的逻辑顺序和发展顺序；而 SHM 版则引入较少，基本上是直截了当地给出知识点。尽管两版教材对于知识的讲解这方面所占比例相近，但是讲解的形式很不相同，通过分析两版教材文本发现，人教 A 版善于通过文字的描述和举例来解释和说明知识点，更注重知识的产生和数学的本质；而 SHM 版喜欢通过具体的实例和数据来解释说明知识点，更注重知识的运用与计算。

4. 知识背景比较

数学是一门源于生活，服务于生活的学科，因此数学具有广泛的应用性。根据知识背景分析框架，对两版教材"向量"内容进行比较，得到图 7-1 和图 7-2。

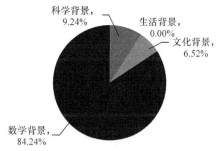

图 7-1　人教 A 版的知识背景

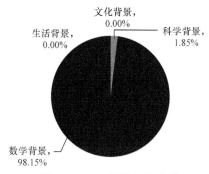

图 7-2　SHM 版的知识背景

由图 7-1、图 7-2 可知，两版教材在知识的产生、体验和运用过程中都主要以数学背景为主，SHM 版的数学背景占了 98.15%，人教 A 版的数学背景占了

84.24%，但两版教材都没有将向量与有关的知识和社会文化、风俗等相联系。具体分析教材内容也发现，两版教材尽管都是先引入二维向量及其知识点并拓展到三维向量，在知识点的选取上并没有太大差异，但是对于相关知识点的应用、知识来源却各有其侧重点。由于向量最初是应用于物理的，人教 A 版在编写中更注重向量实际背景和几何意义，先从大家所熟悉的物理学中的力学引入，更为直观形象地提出向量的概念，再将其应用于位置确定、航行等实际生活问题中，体现数学与科学、生活之间的紧密联系，培养学生的数学应用意识，而SHM 版则是直接给出向量有关的概念，并根据性质运算，注重算法，缺少对知识背景的解释。

5. 研究结论与建议

1) 人教 A 版"向量"内容编排较为全面严谨，逻辑性强，更好地为几何学服务，但思维难度较高

人教 A 版对向量知识的编排和讲解较为系统全面，呈螺旋上升，且更关注向量与几何问题间的联系，将二维向量和平面几何联系起来，将三维向量与立体几何联系起来，并把一些几何问题转化为向量的加(减)法、数乘向量、数量积等运算，从而把图形的基本性质转化为向量的运算体系，使向量成为解决几何证明等问题的有力工具。尽管这样可以更好解决立体几何中较为复杂的问题，但也增加了向量应用的难度和复杂程度，因此教材在编写向量内容的过程中应适当降低难度。

2) 人教 A 版内容丰富，图文并茂，知识点讲解细致到位

人教 A 版和 SHM 版应用大量的线段、字母和坐标等几何图形编排"向量"内容，更为直观地描述知识点，但是人教 A 版内容更为丰富，既有物理学中的受力图又有航行路线图等，不但能开阔学生的视野，还能提高学生的学习兴趣。人教 A 版在编排中强调知识的产生与体验过程，但对于运算推导过程的讲解过于细致，所以篇幅过多。从这点来看，SHM 版对知识的讲解更为精炼。尽管两者对"向量"内容所用的篇幅相差不大，但是 SHM 版更注重知识的运用，强调算法，这样有利于学生对基础知识、基本技能的掌握。因此，人教 A 版要根据高中学生的认知特点，合理编排知识点的讲解与说明。

7.2　中日数学教材比较研究

1. 研究对象

选择中国人教 A 版数学必修 4 教材和日本 JTB 版《新编数学 B》教材，采用

文献研究法和比较研究法，从宏观和微观两个角度对两版教材"平面向量"内容
进行定性与定量分析，探寻两版教材内容编排的异同点。其中，"平面向量"内容
位于人教 A 版数学必修 4 第二章，位于 JTB 版《新编数学 B》第 1 章。

2. 宏观比较

在学习综合推理几何后，向量知识是学生接触到的全新内容。其学习目的
之一是将几何代数化，会使用向量代数方法解决几何问题。首先，观察平面向
量知识在两版教材中所处位置，并且将章节内容进行展开对比，得到图 7-3 和
图 7-4。

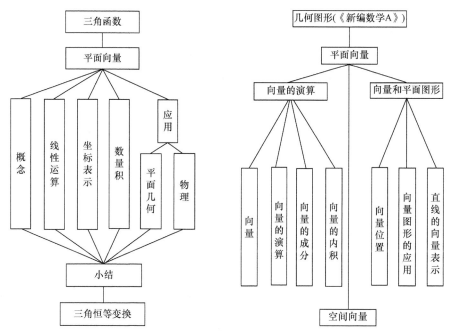

图 7-3　人教 A 版的内容排编顺序　　　　图 7-4　JTB 版的内容编排顺序

由图 7-3、图 7-4 可知，JTB 版"平面向量"内容处在《新编数学 B》的第 1
章，其上行单元是《新编数学 A》的第 3 章"平面图形"，JTB 版将平面向量知识
与几何图形紧密联系起来，将其作为解决几何图形问题的工具，其下行单元是空
间向量，从二维过渡到三维，顺理成章。人教 A 版"平面向量"内容处在数学必
修 4 的第二章，其上行单元是第一章"三角函数"，下行单元为第三章"三角恒等
变换"，在系统学习三角函数之后，学生对向量及相关知识可以有更深刻的认识，
再利用向量知识去理解一些三角恒等变换，也合情合理。人教 A 版注重学生对数
学知识的理解与认识，但"平面向量"这一章中与"三角函数"这一章关联的内

容不多。

　　单从"平面向量"这一章研究，两版教材在小节编排上大同小异，个别知识点编排的位置有所差异。例如，人教 A 版将"坐标表示"这一知识点编排在 2.4 节的"平面向量的数量积"中，在学习向量数量积的坐标表示后，运用此知识点推导出模的坐标表示方法；JTB 版将其编排在第 1 章第 3 节的"向量的成分"中，运用勾股定理导出。对比 JTB 版第 2 节"向量和平面图形"与人教 A 版 2.5 节的"平面向量的应用举例"，发现 JTB 版注重向量在图形中的应用，符合其上行单元是平面图形的特点，而人教 A 版还注重向量的实际意义及在生活中的应用。

　　3. 微观比较

　　分别统计两版教材"平面向量"内容的知识点，并根据知识思维水平、知识呈现方式、知识背景分析这一框架进行比较研究，得到表 7-3。

表 7-3　两版教材知识点量化表

版本		人教 A 版	JTB 版
知识点总量		41	36
知识思维水平	直观性水平	10	7
	描述性水平	20	20
	理论性水平	11	9
知识呈现方式	知识导入	4	3
	知识体验	11	2
	知识表征	18	19
	知识应用	39	30
	知识拓展	6	0
知识背景	无背景	15	28
	生活背景	3	0
	科学背景	9	0
	数学背景	19	8

　　注：①JTB 版此章第 2 节"向量和平面图形"的知识点不计算在内，人教 A 版此章 2.5 节的"平面向量的应用举例"的知识点不计算在内；②将知识点在各环节中涉及的知识背景均作统计。

1) 知识思维水平比较

根据表 7-3 中两版教材"平面向量"内容的知识思维水平相关数据，绘制图 7-5。

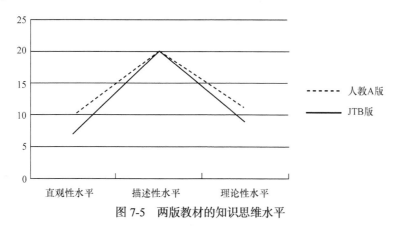

图 7-5 两版教材的知识思维水平

由图 7-5 可知，两版教材在知识思维水平上的分布非常相似，绝大部分知识属于描述性水平，属于直观性水平和理论性水平的知识点较少。也就是说人教 A 版和 JTB 版在编排中大多依据学生的经验确立平面向量有关的概念、性质和公理。由于两版教材的知识点总量相近，且 JTB 版的知识点包含于人教 A 版，因此两版教材知识思维水平相似。

2) 知识呈现方式比较

根据表 7-3 中两版教材"平面向量"内容的知识呈现方式相关数据，绘制图 7-6。

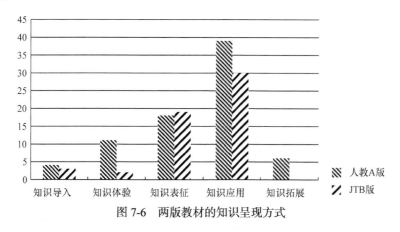

图 7-6 两版教材的知识呈现方式

由图 7-6 可知，两版教材在知识呈现方式上存在较大差异，尤其是在知识体验和知识拓展方面。在知识体验方面，人教 A 版的知识点明显多于 JTB

版，人教 A 版在每一节都设置"探究"模块，让学生体验知识的产生过程，启发学生思考问题，而 JTB 版更多的只是灌输知识。两版教材的知识拓展均较少，但人教 A 版还是明显多于 JTB 版。此外，人教 A 版每一节都有课后复习题，且题目设置分梯度，其中不乏知识拓展内容。两版教材在知识导入和知识表征方面相差不大，知识导入都比较少，知识表征都比较多，这体现了教材编排符合学生的学情。显然高中生已有了一定的理解能力，不需要大费周章地引入知识，但也需要学生了解知识的来龙去脉，达到真正理解知识的程度。

3) 知识背景比较

根据表 7-3 中两版教材"平面向量"内容的知识背景相关数据，绘制图 7-7 和图 7-8。

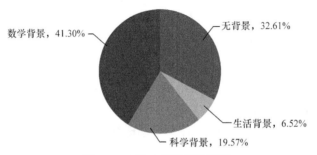

图 7-7　人教 A 版的知识背景

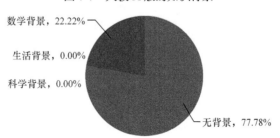

图 7-8　JTB 版的知识背景

由图 7-7 和图 7-8 可知，JTB 版的知识基本以无背景为主，仅停留于向量知识的陈述和解决向量的相关题目上，少数知识与三角函数等其他数学知识相关联。而人教 A 版比较重视数学新旧知识间的关联性，以及数学知识与生活、数学知识与其他学科知识的关联性，例如向量知识与平面图形的一些性质、生活中的航行、物理学中的力学关系均较为密切。另外，JTB 版的知识背景主要集中在知识应用部分，而人教 A 版的知识背景穿插在知识点呈现的各个环节。

4. 研究结论与建议

1) 人教 A 版图文并茂, 编排形式多样化, 而 JTB 版简洁明了

人教 A 版的体例结构比较丰富, 例如在正文内容介绍中设置"思考""探究"模块, 引导学生探究知识, 而且在小节末尾安排"阅读与思考"栏目, 培养学生学习数学的兴趣。JTB 版的编排比较简洁, 以加粗或框出的形式突出知识, 其后安排少量且简单的例题或习题, 基本的编排形式是"知识点—例题习题—知识点—例题习题"。

2) 两版教材在知识内容及编排顺序上无明显差异, 而知识呈现方式和知识背景差异较大

人教 A 版重视知识的产生与体验过程, 并且外延知识内容; 而 JTB 版更多的是讲解知识内容, 应用也较简单。人教 A 版的知识背景水平高于 JTB 版, 将数学与生活、科学联系起来。同时, 人教 A 版在"平面向量"内容的编排上强调知识的产生与体验过程, 但某些阐述过于烦琐, 可以借鉴 JTB 版的做法, 使其既简洁明了又能启发学生思维。此外, 人教 A 版较注重知识的应用, 除例题、课内练习之外, 还有习题 A 组、B 组, 整个"平面向量"内容的篇幅多于 JTB 版的篇幅。因此, 人教 A 版可以适当精简习题, 避免简单知识的反复机械操作。

7.3　中澳数学教材比较研究

1. 研究对象

向量的引入体现了近现代数学与初等数学的衔接, 也为学生学习高等数学奠定基础。因此, 向量在高中数学的学习中具有举足轻重的地位。选择中国人教 A 版数学必修 4、选修 2-1 教材和澳大利亚 ATB 版《高等数学(核心)》教材, 采用文献研究法和比较研究法, 从宏观和微观两个角度对两版教材"向量"的内容进行定性与定量分析, 探寻两版教材内容编排的异同点。其中, "向量"内容位于 ATB 版的第 26 章"向量"(Vectors), 位于人教 A 版的第二章"平面向量"和第三章"空间向量与立体几何"。

2. 宏观比较

1) 编排顺序比较

两版教材对向量内容的处理方式存在较大差异, 为了更好地说明这种差异, 首先对比 ATB 版第 26 章与人教 A 版第二章、第三章以及它们的上行与下行单元整体内容, 得到表 7-4。

表 7-4　两版教材的编排顺序

	ATB 版	人教 A 版	
上行单元	25 矩阵 (Matrices)	第一章　三角函数	第二章　圆锥曲线与方程
单元名称	26 向量 (Vectors)	第二章　平面向量	第三章　空间向量与立体几何
单元大纲	26-1 向量介绍 (Introduction to Vectors) 26-2 向量表示 (Representing Vectors) 26-3 代数和几何向量 (Algebra and Geometry of Vectors) 26-4 平面向量和空间向量的坐标表示 (Cartesian Representation of Vectors in 2-D and 3-D) 26-5 平面向量和空间向量的进一步性质 (Further Properties of Vectors in 2-D and 3-D) 26-6 两向量的数量积 (Scalar Product of 2 Vectors) 26-7 直线的向量方程 (Vectors Equation of a Line)	2.1 平面向量的实际背景及基本概念 　阅读与思考　向量及向量符号的由来 2.2 平面向量的线性运算 2.3 平面向量的基本定理及坐标表示 2.4 平面向量的数量积 2.5 平面向量应用举例 　阅读与思考　向量的运算(运算律)与图形性质 小结 复习参考题	3.1 空间向量及其运算 　阅读与思考　向量概念的推广与应用 3.2 立体几何中的向量方法 小结 复习参考题
下行单元	27 空间几何 (3-D Geometry)	第三章　三角恒等变换	第一章　导数及其应用*

注：参考现行教材编排顺序，*为选修 2-2 内容。

　　由表 7-4 可知，ATB 版"向量"内容处在第 26 章"向量"，上行知识为矩阵，下行知识为空间几何。本章内容涉及的向量坐标的运算是对上一章矩阵运算的应用，而本节向量的性质及其相关运算是下一章空间几何的一个基础。人教 A 版"平面向量"内容的上行知识为三角函数，下行知识为三角恒等变换。结合教材知识可知，平面向量在本章中运用三角函数的知识并不多，可以说"平面向量"为教材中单独列出的近代数学中的重要概念，学生需要理解向量的概念，掌握向量的性质，了解向量深刻的几何背景，并能加以运用。对于人教 A 版中的空间向量，其知识内容没有平面向量详细，其上行知识为圆锥曲线与方程，与本章内容联系较小，下行知识为导数及其应用，与本章内容联系更是微乎其微。

　　2) 内容分布比较

　　将两版教材"向量"内容按知识点划分并进行比较，得到表 7-5。

表 7-5 两版教材的内容分布

ATB 版			人教 A 版		
章节	内容顺序		章节	内容顺序	
26-1	向量介绍	标量和向量	2.1	平面向量的实际背景及基本概念	向量的物理背景与概念 向量的几何表示 相等向量与共线向量 阅读与思考
26-2	向量表示	有向线段 向量的大小 相等向量 负向量 零向量 方向和向量	2.2	平面向量的线性运算	向量加法运算及其 几何意义 向量减法运算及其 几何意义 向量数乘运算及其 几何意义
26-3	代数和几何向量	向量的加法 向量的减法 向量的数乘 向量的夹角 几何意义	2.3	平面向量的基本定理及坐标表示	平面向量基本定理 平面向量的正交分解及坐标表示 平面向量的坐标运算 平面向量共线的坐标表示
26-4	平面向量、空间向量的坐标表示	平面向量的表示 单位向量和基向量 符号 空间向量的表示 向量运算	2.4	平面向量的数量积	平面向量数量积的物理背景及其含义 平面向量数量积的坐标表示、模、夹角
26-5	平面向量、空间向量的进一步性质	向量的模 单位向量	2.5	平面向量应用举例	平面几何中的向量方法 向量在物理中的应用举例 阅读与思考
26-6	两向量的数量积	数量积的定义 数量积的性质 数量积的特例 方向余弦 使用图形计算器	3.1(选修 2-1)	空间向量及其运算	空间向量及其加减运算 空间向量的数乘运算 空间向量的数量积运算 空间向量的正交分解及其坐标表示 空间向量运算的坐标表示 阅读与思考
26-7	直线的向量方程	平面中直线的向量方程 空间中直线的向量方程	3.2(选修 2-1)	立体几何中的向量方法	立体几何中的向量方法

由表 7-5 可知,尽管 ATB 版同时讲解平面向量与空间向量,人教 A 版将平面向量、空间向量分置于两本教材中,但两版教材对向量的学习顺序近似一致,都是按照"向量基本概念—向量表示方法—向量的线性运算—向量的坐标表示及运

算—向量的数量积—向量的应用"顺序，即通过向量的性质来认识向量，并根据这些性质解决实际问题。但是 ATB 版没有人教 A 版的阅读与思考内容。此外，ATB 版对"直线的向量方程"内容有详细的讲解，而人教 A 版没有使用图形计算器的内容。

3. 微观比较

1) 知识思维水平比较

根据知识思维水平分析框架，比较两版教材"向量"内容，得到图 7-9。

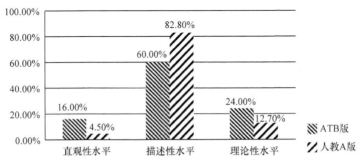

图 7-9　两版教材的知识思维水平
以上知识点不包括练习及习题，下同

由图 7-9 可知，ATB 版和人教 A 版的知识点大多集中在描述性水平，也就是说，两版教材在编排中多要求学习者按照自己的经验来确立向量的有关概念、性质、定理，并以此为根据解决一些计算或者实际应用问题。两版教材直观性水平的知识占有比例均最少，ATB 版直观性水平的知识占知识总量的 16.00%，人教 A 版只占 4.50%；理论性水平的知识占比均较少，ATB 版所占比例为 24.00%，人教 A 版为 12.70%。相比较可知，ATB 版较人教 A 版而言更加注重学生依据向量的直观来认识、比较和画出相关向量。结合教材中理论性思维水平的知识可得，ATB 版更加注重运用向量知识来证明几何中的定理、公理，而人教 A 版多为证明问题中的结论。

2) 知识呈现方式比较

根据知识呈现方式分析框架，研究并对比两版教材"向量"内容的知识呈现方式，得到图 7-10 和图 7-11。

由图 7-10 可知，人教 A 版的知识点总量明显多于 ATB 版，两版教材只有在知识应用层次的知识点数量近似相同，这表明两版教材在"向量"内容的知识多以知识表征方式描述概念、性质、定理等。

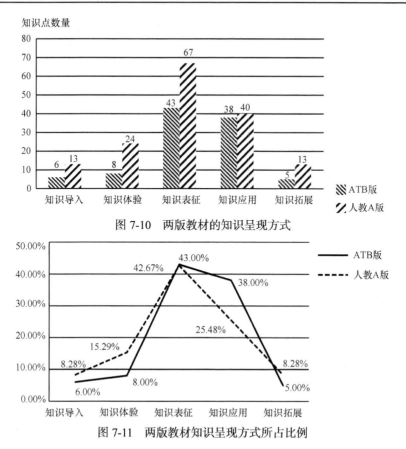

图 7-10　两版教材的知识呈现方式

图 7-11　两版教材知识呈现方式所占比例

由图 7-11 可知,两版教材在知识体验和知识应用方面所占比例相差很大,说明人教 A 版更加注重学生对知识的体验过程,而 ATB 版更注重学生对知识的应用。结合教材内容可知，人教 A 版对于知识的讲解，设置很多"探究"类活动来导入知识，注重学生亲身体验知识的形成过程，而 ATB 版对知识的引入过程多是通过联系数学前后知识，甚至是直接给出知识点。此外，人教 A 版设置很多"思考"类模块，引导学生深入思考问题，透彻理解知识点，并借此拓展知识，而 ATB 版对于知识拓展方面设置较少。对于知识应用方面，ATB 版的知识应用比例明显大于人教 A 版，也就是说，ATB 版在每一节课中所设置的例题比人教 A 版多。但是分析教材发现，人教 A 版设置的练习、习题总数比 ATB 版多，而且人教 A 版的习题设置分 A、B 两组，逐步提高知识应用难度，并且在每章结束后，人教 A 版都有小结和复习参考题来巩固本章知识。

3) 知识背景比较

数学是一门来源于生活，服务于生活的学科，因此数学知识的学习都有一定的背景。根据知识背景分析框架,将知识点的背景水平划分为四个层次,并对两版教材"向量"内容的知识背景进行比较,得到图 7-12 和图 7-13。

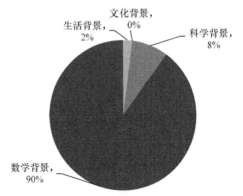

图 7-12　人教 A 版的知识背景

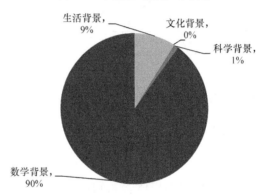

图 7-13　ATB 版的知识背景

　　由图 7-12 和图 7-13 可知,两版教材"向量"内容的知识背景主要以数学背景为基础,占比皆高达 90%;而且两版教材的知识都未与社会文化、风俗等文化背景有关。对于生活背景和科学背景,两版教材各有侧重。结合教材具体内容可得,人教 A 版的知识多与科学相联系,实际上人教 A 版平面向量就是通过物理中的力学知识引入的,形象、直观,容易激发学生的学习兴趣,后面利用向量知识确定位置,解决生活中问题,更利于培养学生数学来源于生活、服务于生活的意识;其生活背景多出现在例题和习题中。ATB 版更多注重生活背景,其科学背景只是在运用图形计算器时稍有一提,而且 ATB 版的知识点都是直接陈述给出,知识导入、知识体验、知识表征多与数学的自身体系有关,只有在向量、标量概念的导入时,联系生活实际解释概念,以便于学生理解概念,但是在例题、练习中,多联系生活实际,ATB 版更加注重知识在实际生活中的应用,注重培养学生的应用意识。

4. 研究结论与建议

1) ATB 版的知识介绍简洁明了，需适当增加知识的产生过程，便于学生对知识的理解

ATB 版一般采用小标题的形式明确给出知识点，然后就是相关概念、性质、定理、公理的介绍，简洁明了，虽然在一定程度上减少学生对教师的依赖性，但知识的讲解多采用文字描述，过于枯燥，缺少知识的导入过程，增加了知识理解的难度，不利于学生接受知识。而人教 A 版比较注重知识的导入过程，每节内容都会通过回顾旧知或者思考探究问题的方式引入，注重知识的逻辑发展顺序，提供学生自己探索发现知识的机会，激发学生数学学习兴趣，并且使得学生更容易接受知识。

2) ATB 版需要适当调整知识的编排顺序，增强知识的系统逻辑性

ATB 版在知识编排上一般采用直线上升的方式，一部分知识为一单元，将相关数学知识整体展示给学生，讲解全面，便于学生整体掌握知识，但是学完一部分内容，就改学另一部分内容，长期的搁置，容易使得学生遗忘所学，不利于知识掌握；每一节的知识也都是以文字描述的形式全部讲解之后，然后配以一定量的例题、练习，使学生集中应用知识来巩固所学，但是这样的编排，不能使学生深入掌握所学。而人教 A 版一般采用螺旋上升的方式，先介绍平面向量，然后单独增设一节内容讲解平面向量在平面几何中的应用，在学生学完空间几何之后，再通过类比介绍空间向量，并利用空间向量解决空间几何问题，以此揭示向量与几何的重要联系，并且知识分两部分介绍，便于学生不断回忆过去所学。而且人教 A 版在每一节中都是讲解完某一知识点之后紧跟相应的例题与练习，使得学生即学即用，以便更好地掌握知识。

3) 人教 A 版的知识背景与生活实际及科学技术联系较多，但需增加现代信息技术在知识讲解中的应用

人教 A 版"向量"内容的知识背景丰富，既有物理力学中的受力图等科学背景，也有航行线路图等生活背景，开阔学生视野，增强学生的学习兴趣。但是这仅限于知识背景与生活、科学技术联系较密，没有与当今科学技术迅速发展的社会相联系。而 ATB 版在"数量积"一节中，有关于图形计算器的使用和介绍，使得数学与现代信息技术得到有机融合。《普通高中数学课程标准(2017 年版 2020 年修订)》明确提出实现信息技术与数学课程的深度整合，实现传统教学手段难以达到的效果，鼓励学生运用信息技术学习、探索解决问题，因此人教 A 版应适当增加此方面内容。

4) 人教 A 版需要优化习题数量，合理设置习题难度

人教 A 版在每一知识点之后都配有一定量的例题和练习，便于学生即时掌

握所学，并在每一节结束后都有一定量的习题，且分 A、B 两组，逐步提升问题难度，使学生能更好地深入理解、应用知识，而且在每章结束后设有一定量的复习参考题，以便学生复习总结、系统掌握该章知识，但较 ATB 版来说，题量较大。ATB 版的题量虽少，但对于各知识点均有涉及，题目难度、数量设置合理。因此，人教 A 版应有针对性地设置习题，适当调节习题数目，减轻学生的课业负担。

7.4　中法数学教材比较研究

1. 研究对象

选择中国人教 A 版数学必修 4 教材和法国 FTB 版《数学》教材，采用文献研究法和比较研究法，从宏观和微观两个角度对两版教材"平面向量"的内容进行定性与定量分析，探寻两版教材内容编排的异同点。

2. 宏观比较

1) 内容篇幅比较

对两版教材"平面向量"内容的篇幅进行统计，得到图 7-14。

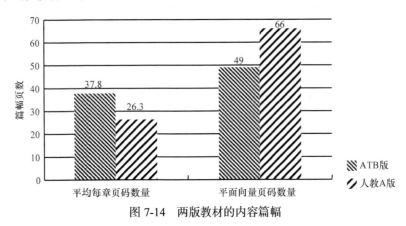

图 7-14　两版教材的内容篇幅

由图 7-14 可知，从内容篇幅情况来看，"平面向量"内容在两版教材中均处于比较重要的地位。人教 A 版的平面向量内容共 49 页，占几何内容总页数的 26%，FTB 版的平面向量内容共 66 页，占几何内容的 28%。而且两版教材"平面向量"内容篇幅大于各版教材几何内容平均每章篇幅，FTB 版"平面向量"内容篇幅约是平均每章内容篇幅的 2.5 倍，这与 FTB 版分两章来讲解平面向量内容有关。

2) 章节编排比较

整理两版教材"平面向量"内容的章节，得到表 7-6。

表 7-6 两版教材的章节编排

章	单元	节	章	单元	节
			人教 A 版		FTB 版
必修 4 第二章平面向量	平面向量的实际背景及基本概念	向量的物理背景与概念	《数学 2》第 10 章 向量	向量	平移
		向量的几何表示			向量的坐标
		相等向量与共线向量		向量的运算	向量的加法
	平面向量的线性运算	向量加法运算及其几何意义			向量的数乘
		向量减法运算及其几何意义			几何应用
		向量数乘运算及其几何意义	《数学 2》第 9 章 数量积在平面中的应用	平面上的数量积	概念
	平面向量的基本定理及坐标表示	平面向量基本定理			共线向量
		平面向量的正交分解及坐标表示			数量积的其他表达式
		平面向量的坐标运算		数量积的性质	基本性质和结论
		平面向量共线的坐标表示			向量的投影
	平面向量的数量积	平面向量数量积的物理背景及其坐标表示		向量数量积的坐标表示	数量积的表达式
		平面向量数量积的坐标表示、模、夹角			正交向量
	平面向量的应用举例	平面几何中的向量方法	《数学 1》第 9 章 数量积在平面中的应用	平面坐标系上的笛卡儿方程	向量的正交分解
					法向量
					圆的笛卡儿方程
		向量在物理中的应用举例		三角形中的度量关系	中位线定理
					阿尔卡什定理
				三角变换	和差角公式
					倍角公式
总计	1 章 5 单元 14 节		2 章 8 单元 19 节		
页数	49 页		66 页		

人教 A 版"平面向量"内容的上行章节为"三角函数"，下行章节为"三角恒等变换"，学生通过三角函数的学习，对有向线段有初步的了解，再学习平面向

量可以有更深刻认识，然后可借助平面向量知识理解三角恒等变换问题。FTB 版的平面向量知识集中在两章介绍，《数学 2》"向量"内容的上行单元为"平面直角坐标系"，下行单元为"空间直线与平面"，《数学 1》"数量积在平面中的应用"内容的上行单元为"空间的角"，下行单元为"多面体的截面"，可以明显看出平面直角坐标系是向量坐标的基础，后面空间直线与平面又都是借助向量来介绍的，以向量为主线，将整个几何体系串在一起，有利于学生对于几何整体的把握，以及进行问题解决时串联知识。

在章节数量上，人教 A 版分为 5 个单元共 14 节，FTB 版分为 2 章 8 个单元 19 节，可见法国对于向量内容的重视程度之高。此外，人教 A 版中"向量数量积"内容只是平面向量一章中的一节内容，而 FTB 版将此部分知识单独作为一章来介绍，足以看出法国数学教育中对于向量数量积的重视。另外还可以看出，FTB 版将三角变换与向量内容结合在一章介绍，更利于学生向量思想的形成，而人教 A 版则是在三角函数与三角变换之间穿插平面向量，目的在于将向量作为推到两角差公式的工具，减少三角变换中的运算或技巧，突出向量的地位。

对两版教材"平面向量"内容的主要知识编排顺序分析可知，两版教材对于向量的有关概念、向量的线性运算、正交分解、数量积及其应用的内容均有介绍，而且两版教材都是先介绍概念，再介绍相关的运算，最后对知识进行应用。从向量的运算角度分析，两版教材均从几何、代数及坐标三方面来介绍。首先，教材运用几何图示给出三角形法则和平行四边形法则，以此可以更好地解决向量中的几何运算问题，体现数形结合的思想，然后联系代数内容给出相关运算的法则，最后再结合平面直角坐标系，用向量的坐标运算为向量的代数运算和几何运算搭建桥梁，体现向量中的解析思想，这也为后面学习解析几何和立体几何内容打下基础。

不同之处在于向量运算的介绍顺序及向量的应用。人教 A 版主要按照"概念—线性运算—平面向量基本定理—坐标表示—数量积运算—应用"的顺序编排，先介绍平面向量基本定理，说明两向量的夹角，以此为基础介绍向量的正交分解，引出向量的坐标表示，再介绍向量的线性坐标运算，最后单独介绍向量的数量积运算，数量积的坐标运算，两向量夹角的运算；FTB 版则按照"概念—坐标—线性运算—数量积—正交分解—几何应用—代数应用"的顺序编排，在介绍完向量概念之后就给出向量的坐标表示，然后从代数与几何方面介绍向量的线性运算及其几何上的应用，再介绍向量的数量积运算，以向量的数量积运算为基础，说明向量的正交性，再介绍向量的正交分解。在知识应用的编排上，两版教材均从两方面介绍。人教 A 版注重向量在几何和物理中的应用，而 FTB 版主要注重向量在数学中的应用，通过向量知识对三角形中的度量关系进行证明，又以向量运算为基础，介绍三角恒等变换，体现出向量具有几何及代数的双重性，也有助于学生对知识的深刻把握，培养学生的问题解决能力。

3. 微观比较

1) 知识目标水平比较

根据知识目标水平分析框架，对两版教材"平面向量"内容进行比较，得到图 7-15。

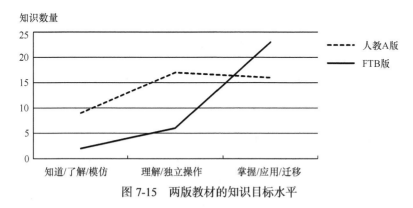

图 7-15　两版教材的知识目标水平

由图 7-15 可知，人教 A 版"平面向量"内容的知识点数量比 FTB 版多，且知识点的目标水平分布相对均匀。而 FTB 版虽然知识点数量比人教 A 版少，但 75%的知识点处于掌握水平，对学生的水平要求较高，基本所有知识都要学会应用。另外，具体分析教材内容发现，人教 A 版的相关知识点在 FTB 版中均有涉及，只是有些知识没有单独讲解，而是包含在一个大的知识内容之下，这也正体现出 FTB 版的知识难度要求高。

法国数学课程标准中明确写出："向量已在初中用方向与长度引入，现在将学习向量的运算及其在图形性质与图形变换研究上的应用；也涉及向量在力学和物理学上的应用。"由此更可以体现出法国对向量相关内容的重视，法国大纲一直到高三都在强调"一概不用公理系观点"，可以说是以向量和几何变换作为研究几何图形的主要手段，而图形变换的相关研究又是以向量为基础。为此，法国初中教材便已引入向量的初步知识，高中的图形性质和图形变换皆是由向量相关知识来引导，同时也增加向量内容在物理学等方面的应用，这也正体现出 FTB 版对向量有关内容的知识目标水平之高。

2) 知识呈现方式比较

根据知识呈现方式分析框架，选取两版教材"向量的加法运算""平面向量数量积的性质""平面向量的正交分解"内容，比较两版教材的知识呈现方式，得到表 7-7—表 7-9。

表 7-7　两版教材"向量的加法运算"的知识呈现方式

	人教 A 版	FTB 版
知识导入	文字语言描述及物理力学相关知识	无
知识体验	物体受力、位移	无
知识表征	语言、符号、图形	语言及图形
知识讲解	三角形法则 平行四边形法则	三角形法则 平行四边形法则
知识应用　例 1	作出两向量的和	作出两向量的和、差及三个向量的和

由表 7-7 可知，人教 A 版通过文字语言描述，说明学习向量的加法运算的必要性，再通过探究活动让学生以位移及物理中力的合成的相关知识类比向量的加法运算，从而介绍三角形法则及平行四边形法则，符合学生的认知规律，帮助学生理解概念，同时文字性的概念配以图示说明，加深学生对向量加法概念的理解。而 FTB 版对此概念则是直接引出，之后配以图示说明，对概念也没有详细的讲解，直接给出三角形法则和平行四边形法则。在知识的应用上，人教 A 版直接运用概念表示出两向量的和，FTB 版则是表示出两向量的和、差以及三个向量的和。由此也可看出，FTB 版对于学生"平面向量"内容的知识目标水平要求之高。

表 7-8　两版教材"平面向量数量积的性质"的知识呈现方式

		人教 A 版	FTB 版
知识导入		无	无
知识体验		思考与探究活动	无
知识表征		语言、图示	语言及公式
知识讲解		部分证明	部分证明，部分举例运用
知识应用	例 1	相似性质证明	无
	例 2	性质及公式混合应用	无
	例 3	性质应用，判断向量垂直	无

由表 7-8 可知，两版教材均没有单独的引入过程，都是直接进行讲解，其中人教 A 版对于性质的讲解放在概念的讲解之后，让学生通过思考探究活动，经历知识的探索过程，基于学生的认知基础，由新旧知识的联系入手，对个别性质进

行证明，其他性质则由学生自己完成，最后通过相关例题，应用知识，加深学生理解。FTB 版则是直接描述性质，没有任何探索过程，但是对于部分性质有详细的证明，让学生充分理解该性质的来龙去脉，但是多数的性质没有任何讲解，少数性质会结合相应的举例或者文字语言的解释，帮助学生理解知识，没有相关例题的出现。

表 7-9　两版教材"平面向量的正交分解"的知识呈现方式

		人教 A 版	FTB 版
知识导入		物理学中力的分解	无
知识体验		思考	无
知识表征		语言及符号、图示	语言及符号、图示
知识讲解		无	文字解释
知识应用	例 1	直接应用	无

由表 7-9 可知，人教 A 版对该知识的介绍是放在平面向量的数量积之前，紧跟平面向量的基本定理，联系物理学中力的分解，让学生经历知识的探索过程，从而类比出平面向量的正交分解，由此再介绍向量的坐标表示，最后对有关知识进行直接运用，表示出向量的坐标。FTB 版中该知识的介绍则是放在向量的坐标、向量的数量积及向量的投影之后，没有引入过程，直接对向量的正交分解进行语言描述，最后配以图示对此知识进行讲解，并通过提示的方式给出该内容的注意事项，使学生明白知识的来龙去脉，掌握重点知识，但是没有安排应用实例。

3) 知识背景比较

根据知识背景分析框架，对两版教材"平面向量"内容进行比较，发现人教 A 版主要是结合物理中的力学知识引入知识，而 FTB 版却没有具体知识的引入过程，具体数据见图 7-16 和图 7-17。

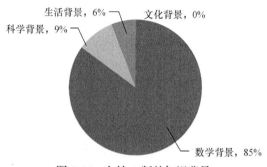

图 7-16　人教 A 版的知识背景

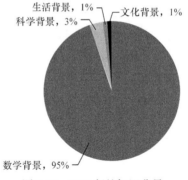

图 7-17　FTB 版的知识背景

由图 7-16、图 7-17 可知，FTB 版的知识背景在四个方面均有涉及，但是非数学背景知识所占比例较小，只有 5%，而人教 A 版的知识背景中没有文化背景出现，但是其他非数学背景比例均大于 FTB 版中相同背景的比例。两版教材的知识背景中以数学背景居多，人教 A 版的数学背景占 85%，FTB 版占 95%。根据教材内容可以发现，人教 A 版更加关注数学在现实生活、生产的应用，处处展现课标的要求，与不同学科相结合，特别是注重让学生了解知识的来源及产生过程，强调物理知识的运用，但是没能体现出"不同数学分支的融合与交叉"，单纯知识点的应用，不利于学生利用向量解题思想的形成。FTB 版更加注重向量在几何与代数以及三角中的应用，注重学生的自我探索，在章节后有信息技术的应用。

4) 例题比较

从例题的总数、出现位置、关联知识量、解法以及解题说明等方面(周慧，2012)比较两版教材"平面向量"内容的例题，得到表 7-10。

表 7-10　两版教材的例题

教材		出现位置	总数	关联知识量			解法		解题说明	
				1	2	3	1	2	0	1
人教 A 版		具体内容之后	32	16	14	2	30	2	26	6
FTB 版	《数学 2》	具体内容之后	27	16	11	0	25	2	17	10
	《数学 1》	全部内容之后	16	5	5	6	13	3	16	0
	总计		43	21	16	6	38	5	33	10

注：①FTB 版《数学 1》在有些知识点之后会有相应的举例，将其看成是知识讲解，不列入例题范围；②以上例题数量按小题标号计算；③关联知识量 1，2，3 表示此题所涉及的知识点数量；解法 1 表示此题中所提供的解题方法数量，不作拓展；解题说明为题目给出分析或旁注的数量。

由表 7-10 可知，人教 A 版的例题一般紧跟在所介绍的知识点之后，共 32 个，而 FTB 版的例题是以相应的能力课程形式出现，共 43 个。其中，《数学 2》中一般每节知识点都有相应的能力课程，同时会有旁白标注出解决该类型题目的主要方法提示，《数学 1》中出现在章节内容结束后，每一课程都会有一个能力要求让学生明确从这一例题中将要学会的能力。从例题关联知识量来看，FTB 版《数学 2》主要介绍向量的基本概念及线性运算，多数例题仅包含一个知识点，其余的皆有两个知识点，没有涉及三个知识点的例题；而《数学 1》关于数量积的有关知识，涉及的知识点数则较多，说明 FTB 版对于简单知识，注重单个知识点的直接应用，使学生透彻理解知识，但是对于重点知识则要求较高，需要学生结合多个知识点来理解问题。从解题方法上来看，人教 A 版仅 6.25% 的例题给出两种解法，或者拓展学生自己思考，而 FTB 版中 11.63% 的例题给出两种解法，例如关于求解过三角形顶点的高的方程 (图 7-18)。

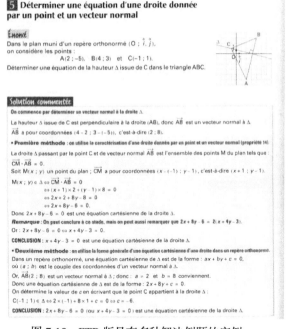

图 7-18　FTB 版具有多种解法例题的实例　　　　　　　　　图 7-18 译注

　　FTB 版以多种不同方式解题可以使学生从多角度理解知识，有利于学生更加牢固地掌握和运用知识，也有利于学生发散思维的培养。从教材中例题的解答过程来看，人教 A 版仅有 6 个例题给出旁注或者帮助学生理解的分析过程，其中有 4 个例题出现在"平面向量的应用举例"一节中，并且都是先给出解题关键的提示，并在解题完成后总结解题方法，同时会以旁注的方式给出解题过程中的提示。而 FTB 版《数学 2》有 37.04% 的例题给出方法的总结或要点的提示，《数学 1》

例题的解题过程都含有相关知识的提示或者对于解题的文字说明,有利于学生对重要解题过程的理解。由此可见,FTB 版更有利于学生的自学。

4. 研究结论与建议

1) 注重扩充知识背景范围,展现数学基础特性

平面向量的编排应更多地选取丰富有趣的实例,以此增加学生学习的兴趣。从知识背景来看,人教 A 版的知识涉及的背景主要是数学背景,或者是科学背景,而与生活文化方面的联系较少。数学作为一门基础学科,应该进一步展现数学与现实生活的联系,因此应该增加运用数学知识解决生活问题的实例或者是拓展活动。

2) 增加范例可读性,提升学生学习自主性

例题的编写不仅在于让学生知道解题过程,更在于怎么解、为什么这么解、解题中要注意什么。FTB 版的例题编写会从多角度给出解题的详细说明,让学生学会解题方法及思维技巧,更有利于学生对知识的巩固、学会一类题而不是一个题。当然例题可以适当地将某些步骤留给学生,给学生提供自主研讨的空间,这样更有利于学生思维的开拓和自主能力的培养。

3) 落实体验探索活动,调动学生积极性

人教 A 版虽然有不少探究活动,但是其中有些活动在实际教学过程中难以让学生有效积极地参与其中。教材的编写除了要考虑设置适当的能够让学生参与体验探索的活动以外,还要确保选取的活动能够有效实施,让学生在探究活动中成为真正的参与者,而不是接受者。

第8章 研究结论与建议

本章主要从宏观和微观两个层面展开教材比较研究，其中，宏观层面从整体安排、章节体例、内容分布、编排顺序四个指标入手；微观层面从知识目标水平、内容呈现方式、知识背景三个指标入手，在综合考察中国、美国、俄罗斯、德国、法国、日本、新加坡、英国、澳大利亚等国家数学教材几何内容的编写特征的基础上，得出结论，并提出相应建议。

8.1 宏 观 层 面

8.1.1 整体安排比较

从几何内容的页数、章数、教材色彩等方面分析不同国家几何教材外观的基本信息，并以中国、美国、俄罗斯、德国、法国这五个国家数学教材为例，呈现五国教材外观的基本信息样例，如表 8-1 所示。

表 8-1 中、美、俄、德、法五国教材外观基本信息样例

国家	中国		美国	俄罗斯	德国	法国
出版社	人民教育出版社		普伦蒂斯·霍尔出版社	莫斯科教育出版社	恩斯特·科莱特集团	贝林出版社
教科书	必修 2		《几何数学》	《10—11 年级几何》	《几何学 10》	《数学 1》
	必修 4					
	选修 1-1				《解析几何基础课程》	《数学 2》
	选修 2-1					
出版年份	2007		2008	2006	《几何学 10》：2007	《数学 1》：2005
					《解析几何基础课程》：2008	《数学 2》：2010
页数	必修 2：157		896	255	《几何学 10》：96	《数学 1》：311
	必修 4：160					
	选修 1-1：123				《解析几何基础课程》：182	《数学 2》：462
	选修 2-1：131					

续表

国家	中国		美国	俄罗斯	德国	法国
章数	必修 2：4 章		12 章	8 章	《几何学 10》：4 章	《数学 1》：13 章
	必修 4：3 章					
	选修 1-1：3 章				《解析几何基础课程》：5 章	《数学 2》：12 章
	选修 2-1：3 章					
色彩	黑白为主，部分彩色		彩色	彩色	黑白	彩色

注：选用的中国教材为《普通高中课程标准实验教科书·数学(A 版)》。

1) 研究结论

在外观特征方面，美国、法国等国家的教材都相当精美，色彩艳丽，但价格高昂。在排版上，美国教材的字体较大，行距较宽，法国教材的字体较小，版面紧凑。法国教材中的知识内容辅以底色，便于学生明确基本知识；左侧设置空白区域，便于学生学习时做笔记。中国、德国教材相对朴实无华，色彩以黑白为主，页数较少，价格低廉。

2) 我们的建议

在保持我国教材目前优点的情况下，可以借鉴其他国家教材的外观设计，适当增加色彩，在丰富美感的同时，增加对学生的吸引力。另外，在版面设计方面，可以学习日本教材的简洁明了，清晰呈现知识，如图 8-1 所示。

A ≫ 分数式の約分

分数式 $\frac{A}{B}$ において，B をその **分母**，A をその **分子** という。

分数式では，次のように，その分母と分子に 0 以外の同じ多項式を掛けても，分母と分子を共通な因数で割っても，もとの式と等しい。

$$\frac{A}{B} = \frac{AC}{BC} \ (ただし \ C \neq 0), \qquad \frac{AD}{BD} = \frac{A}{B}$$

分数式の分母と分子をその共通な因数で割ることを **約分** するという。

 例 1 **分数式の約分**

(1) $\dfrac{6ab^4}{4a^2b^3} = \dfrac{3b}{2a}$　　　　　　　　　← $\dfrac{6ab^4}{4a^2b^3} = \dfrac{2ab^3 \cdot 3b}{2ab^3 \cdot 2a}$

(2) $\dfrac{x^2-x}{x^2-1} = \dfrac{x(x-1)}{(x+1)(x-1)} = \dfrac{x}{x+1}$　　　　終

图 8-1　日本教材页面样例　　　　　　　　　　图 8-1 译注

8.1.2　章节体例比较

综观各国教材的章节体例设置，各具特色。从整本书的目录看，各国教材都是给出二级标题，也就是章、节的标题。但是教材章节内的编写体例则有着很大的区别，我们根据教材实际情况整理出大致的编写体例设置思路，并以中国、法国、俄罗斯、美国、日本这五个国家数学教材为例，呈现五国教材章节体例设置样例，如图 8-2—图 8-6 所示。

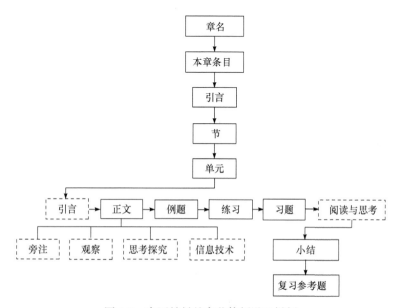

图 8-2　中国教材的章节体例设置样例

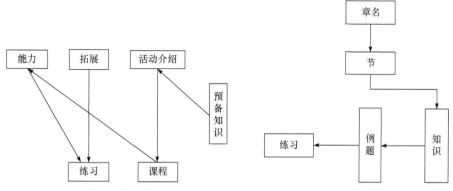

图 8-3　法国教材的章节体例设置样例　　　图 8-4　俄罗斯教材的章节体例设置样例

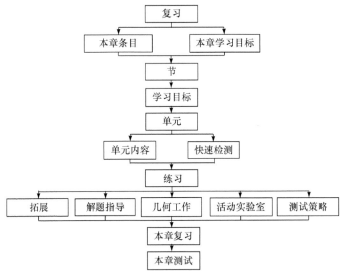

图 8-5　美国教材的章节体例设置样例

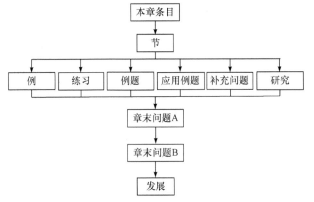

图 8-6　日本教材的章节体例设置样例

1) 研究结论

中国教材章的结构设置以"大标题套小标题"的形式呈现，比较有逻辑层次，知识是以"模块"的形式呈现；而法国教材节的知识点很细小，缺乏较大标题的统领。此外，中国教材在章的末尾设有"小结"，将本章的知识内容以"框图"的形式呈现，让学生更好地回顾本章知识内容，并在回顾知识之后进行设有"A 组、B 组"分层的练习。中国及美国教材编写形式更加多样，在教材中编排大量"思考与探究""观察与思考""信息技术应用""阅读与思考"等栏目，并且还设有很多旁注，这样的设置可以更好地启发学生思考，让学生在探究中学习知识，激发学生学习数学的兴趣，拓展学生思维深度。法国、俄罗斯和日本教材简洁明了，所有内容均井井有条地呈现给学生，同时法国教材中的活动介绍内容没有设置标准答案，以此调动学生的参与度，但在书尾有相关答案，有助于学生自学。

2) 我们的建议

首先教材编写时可以适当设置能够让学生参与体验探索的活动。虽然中国教材有不少探究活动，但是有些活动难以在实际课堂教学中落实，所以，教材编写时应适当选取能够有效实施的探究活动，使学生成为真正的参与者，而不是接受者。再次，教材的章节末尾处可以设置拓展内容，例如中国教材节尾的"阅读与思考"栏目，法国教材节尾的拓展活动，不仅可以提升学生学习的兴趣，还可以拓展学生的视野，为深入学习各学科内容提供机会，使学生感受到数学的实用性，更好地培养学生自学能力。另外，德国教材给读者最大的印象是版面设计简洁明了，让学生能够一目了然地知道学习的内容是什么。高中生已经储备了一些知识经验，具备一定的自学能力，所以，教材应干脆利索地呈现学习内容，方便学生自行阅读，并能快速找出重点来学习。中国教材在这一方面做得相对丰富一些，将一些具有数学涵养的内容、利用信息技术的内容等在个人未来发展中占据重要意义的知识编排进"阅读与思考"栏目。但是，这样会让一些学生潜意识里认为这一栏目是次要的，没有过多关注，导致一些有意义的信息无法有效获得，被忽视掉。因此，建议教材将这些有意义的内容穿插进"正文"内容介绍中，发散学生的思维，使学生的数学知识面达到一个新的广度。

8.1.3　内容分布比较

从平面几何图形、空间几何图形、向量、解析几何、图形变换、度量等方面梳理各国教材几何内容分布情况，并以中国、美国、日本、新加坡、法国、德国这六个国家数学教材为例，呈现六国教材几何内容分布样例，如表 8-2 所示。

表 8-2　中、美、日、新、法、德六国教材几何内容分布样例

内容			国别					
			中国	美国	日本	新加坡	法国	德国
平面几何图形	平行线与垂线			■	■		■	■
	图形关系				■			
	三角形	三角形性质		■	■		■	
		特殊三角形	■			■		
		全等三角形				■	■	
		相似三角形	■			■	■	

续表

内容			国别					
			中国	美国	日本	新加坡	法国	德国
平面几何图形	四边形	平行四边形		■				
		特殊四边形		■				
	圆及其相关性质			■	■	■	■	■
	仿射定理和相似						■	
	变换			■				
	作图			■	■			
空间几何图形	空间中的点、直线、平面的位置关系	直线与直线的位置关系	■	■	■		■	■
		直线与平面的位置关系	■	■	■		■	■
		平面与平面的位置关系	■	■	■		■	■
		用空间向量处理问题	■		■		■	■
	空间几何体	常见空间几何体	■	■		■	■	■
		欧拉公式		■				
		多面体		■	■			
		旋转体						
		几何体的平面截面		■			■	■
		投影	■	■				■
		立体图形画法	■	■				
向量	向量的概念		■	■	■	■	■	■
	向量的线性运算		■	■	■	■	■	■
	向量的数量积		■	■	■	■	■	■
	向量的外积					■	■	■
	向量法		■		■		■	■
	向量组的线性相关和无关						■	■
	向量分解定理		■		■		■	■
解析几何	直线的方程		■	■	■	■	■	■
	圆的方程		■	■	■		■	■
	椭圆方程		■	■				■
	双曲线方程		■	■	■			
	抛物线方程		■	■	■			
	球和球面方程			■	■		■	
	圆锥体和圆柱体的代数表示						■	

续表

内容		国别					
		中国	美国	日本	新加坡	法国	德国
解析几何	参数方程			■			
	笛卡儿坐标系	■	■	■	■	■	■
	极坐标系			■		■	
图形变换	平移变换			■		■	
	旋转变换			■		■	
	反射变换			■		■	
	伸缩变换			■		■	
	简单变换及变换的复合			■			
度量	距离	■	■	■		■	■
	面积和体积	■	■	■	■	■	■
	角度	■	■	■	■	■	■
合计		21	37	27	14	29	23

注：除新加坡及中国外，各国平面几何内容在高中阶段均有涉及，而中国的平面几何内容主要出现在初中教材，新加坡高中教材只有向量内容，其余内容都出现在初中教材，为此也将新加坡的初中教材纳入比较范围。

1) 研究结论

就几何内容分布来说，中国教材并不比其他国家教材少，但是就具体内容来说，中国教材没有涉及其他国家教材包含的部分知识点。例如，对于空间几何图形部分，中国教材虽然有空间几何体、空间点线面的位置关系、立体图形画法等内容，但是没有涉及欧拉公式，且可以适当增添对于空间几何体的平面截面内容。对于解析几何部分，中国教材有直线方程、圆的方程、二次曲线方程等内容，但是都是直角坐标系下的方程，参数方程、极坐标方程、球面方程等应适当增添。此外，中国教材没有具体讲解图形变换内容，而是渗透在知识应用之中，但是美国和法国教材的图形变换内容则十分详细，利用向量及图形变换将各个几何知识串为整体，利于学生构建知识框架。

2) 我们的建议

增加几何体的平面截面、图形变换、极坐标系下曲线方程等内容，对于学生进一步学习空间几何，有着非常重要的作用。法国教材中向量与几何的结合非常紧密，而中国教材在此方面略显不足，因此增加向量在几何、代数等方面的应用也是非常必要的。此外，中国教材的几何内容注重几何证明，较为重视学生在几何内容学习过程中逻辑推理能力的发展。因此，不妨借鉴欧美国家的教材内容设

置，加强解析几何内容、加强向量的应用。同时，我国几何课程内容的设
置应稍微弱化对推理证明的要求，更多地通过直观实验认识图形，通过活动探索发现几
何原理，将推理与发现和几何论证并举，建立在几何直观和几何实验的基础上进
行几何推理的学习。另外，中国教材面向全体高中学生，内容上可再精简一些，
选择有代表性的知识内容加深难度。

8.1.4　编排顺序比较

根据教材章节名称整理各个国家教材几何内容的编排顺序，并以中国、日本、
法国、俄罗斯、新加坡这五个国家数学教材为例，呈现五国教材"平面向量"编
排顺序样例，如表 8-3 所示；以中国、美国、日本、德国这四个国家数学教材为
例，呈现四国教材"球的表面积和体积"编排顺序样例，如表 8-4 所示；同时以
流程图形式呈现日本教材"二次曲线"编排顺序样例，如图 8-7 所示。

表 8-3　中、日、法、俄、新五国教材"平面向量"编排顺序样例

	中国	日本	法国	俄罗斯	新加坡
所在章顺序	第二章	第 1 章	第 10 章	第 4 章	模块 3
所在章名称	平面向量	平面向量	向量	空间向量	向量
章目录下各节名称	2.1 平面向量的实际背景及基本概念 2.2 平面向量的线性运算 2.3 平面向量的基本定理及坐标表示 2.4 平面向量的数量积 2.5 平面向量的应用举例	第 1 节 向量及其运算 第 2 节 向量与平面图形	10.1 向量 10.2 向量的运算	4.1 空间向量的概念 4.2 向量的和差、数乘 4.3 共面向量	3.1 平面和空间向量 3.2 标量和矢量 3.3 向量和三维几何学

表 8-4　中、美、日、德四国教材"球的表面积和体积"编排顺序样例

	中国	美国	日本	德国
所在章顺序	第一章	第 11 章	第 3 章	第 2 章
所在章名称	空间几何体	表面积和体积	图形与计量	柱、锥、球
章目录下各节名称	1.1 空间几何体的结构 1.2 空间几何体的三视图和直观图 1.3 空间几何体的表面积与体积	11-1 展开表面图和截面 11-2 棱柱和圆柱的表面积 11-3 棱锥和圆锥的表面积 11-4 棱柱和圆柱的体积 11-5 棱锥和圆锥的体积 11-6 球的表面积和体积 11-7 相似几何体的面积和体积	第 7 节 三角形的面积 第 8 节 相似图形的面积比体积比 第 9 节 球的体积与表面积	2.1 柱 2.2 锥 2.3 球 2.4 综合作业

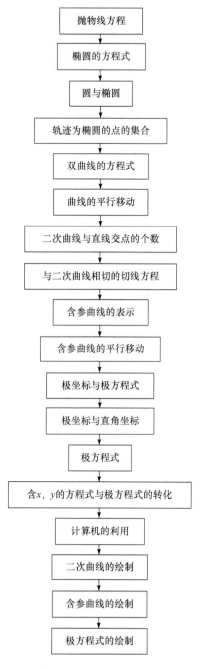

图 8-7　日本教材"二次曲线"编排顺序样例

　　总体来看，中国教材的每个知识点划分都很有逻辑性，以知识块的形式出现，并且前后知识点环环相扣，便于学生对知识整体性的认识。德国教材更注重知识的前后联系、知识之间的相互迁移。法国教材没有具体提到解析几何、立体几何等几何学科，而是统一在平面和立体两个空间，特别注重向量知识的学习，整个高中阶段数学教材中的几何内容以向量为主线，以向量为基础来学习解析几何和空间几何，研究几何图形的变换与性质，沟通代数、几何与三角的联系，使得整个高中几何内容成为一个整体。

　　下面分别从空间几何、解析几何、向量、度量四部分呈现内容编排顺序比较的研究结论，并提出相应建议。

1. 空间几何

1) 研究结论

　　从内容选择与安排来看，空间几何部分主要涉及常见几何体、几何体的截面、立体图形的画法、投影、空间点线面的位置关系等内容。中国教材的空间几何体内容注重直观感知，培养学生的空间观念，空间点线面的位置关系这部分内容则注重证明，重视定理的逻辑证明。法国教材通过平面截面的方式引入空间几何体，空间点线面的位置关系则是通过向量内容介绍。美国教材中的欧拉公式是其他国家所没有的，日本教材介绍了多面体，并且只有新加坡教材没有空间中点线面的位置关系的相关知识，德国和法国教材以向量来表示这些关系，利用综合几何及代数方程研究这些关系以及空间中角的相关问题。中国教材及日本教材采用"定义—判定—性质"的方式完整地介绍空间点线面的位置关系的相关问题。

2) 我们的建议

　　中国教材应在继续保持通过几何体的组合的介绍来培养学生的直观感知的基础上，拓展教材中组合图形这一块内容，适当调整空间知识的学习顺序，及时与向量在空间几何中的应用相结合，以培养学生向量知识在几何中的应用意识。

2. 解析几何

1) 研究结论

　　各国教材都介绍了笛卡儿坐标系，但除新加坡外，各国还有笛卡儿坐标系下的平面方程(例如直线的方程、圆的方程、椭圆方程、双曲线方程、抛物线方程)等内容的介绍，但是中国教材没有美国、日本教材中所涉及的极坐标方程、球面方程。法国教材利用方程来讨论点线面的位置关系，加深代数和几何的联系。但是法国等国家教材的解析几何内容分布在多个单元，零散不均匀，而中国教材集中在较少的单元涵盖所有知识点，使得各单元主题内容更为清晰。

2) 我们的建议

相比于其他几国教材，中国教材知识点分布集中，知识更有深度。我们认为中国教材应该进一步深入研究知识，在保证学生学习核心知识与技能的基础上，合理精简知识，增加极坐标、参数方程等阅读内容，将介绍的知识挖掘得更为深入、丰富，同时注重知识间的联系，注重开发学生发散联系的思维，在教材中增加数学活动。

3. 向量

1) 研究结论

从内容选择及编排上看，这部分内容主要介绍向量的概念、向量的线性运算以及坐标表示，新加坡和德国教材还有外积及线性相关和无关的相关介绍。各国教材均有利用向量来解决几何问题，例如，美国教材利用向量研究变换；法国和德国教材则以向量为主线，贯穿整个几何体系，利用向量和位似变换解决空间几何和解析几何的相关问题，更偏重几何代数化。德国教材虽然覆盖面不广，但对每块知识的介绍都十分细致，有深度。美国教材则以平面几何为主要内容，解析几何和向量知识的学习相对弱化。此外，中国教材向量内容的编排呈螺旋上升，但是其他国家比如新加坡，向量内容呈直线式编排。

2) 我们的建议

向量是高中数学的重要内容，是沟通代数、几何及三角的纽带，因此向量内容的编排应该更加注重体现向量的工具性，突出向量与几何、代数的联系。另外，可以将空间向量内容及平面向量内容一起编排，便于向量内容的系统学习，例如，澳大利亚教材中向量内容的编排，如图 8-8 所示。

4. 度量

1) 研究结论

各国教材的度量内容主要包含距离、面积、体积以及角度。美国教材的度量内容最多，而其教材中的比例尺、单位选择等知识都是我国初中教材中所介绍的。空间几何体的面积及体积主要是利用公式计算，德国教材利用积分的方法求图形的面积及体积。

2)我们的建议

度量内容的学习应该继续保持我国教材的风格，突出知识的应用，精简教材中内容的介绍。度量是计算的基础，中国教材可以在平面距离的基础上适当增加空间里的距离介绍，例如，通过"阅读与思考"栏目，扩充知识内容。

图 8-8　澳大利亚教材"向量"编排顺序　　　图 8-8 译注

8.2　微 观 层 面

8.2.1　知识目标水平比较

根据知识目标水平分析框架，比较不同国家数学教材相同几何内容的知识目标水平，并以中国和德国为例，呈现两国教材"椭圆"内容知识目标水平的比较结果，如图 8-9 所示。

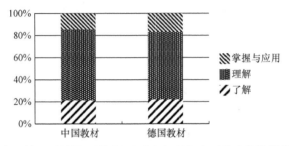

图 8-9　中、德两国教材"椭圆"内容知识目标水平的比较数据样例

1) 研究结论

对于空间几何内容，中国教材并没有大篇幅介绍棱柱、棱锥、棱台等几何体的表面积和体积的公式，知识目标水平层次较低；德国教材对这些公式产生的来龙去脉做了详细的介绍，并相应安排大量练习题，要求学生理解公式，并能熟练运用。在解析几何内容上，日本教材的圆锥曲线内容处于低数学认知水平；德国教材对此块内容的目标要求较高；中国教材以低认识水平为主，高级认识水平为辅，多以探究为主，主要培养学生的思维习惯；美国教材的解析几何内容水平要求不及中国，二次曲线内容较少。对于向量内容，中国教材的知识目标水平相对均匀，但处于理解层次的知识最多；法国教材基本所有知识点都要求学生能够应用。在度量内容上，美国教材中有些度量知识出现于中国初中教材中，可见，中国教材中有关度量知识比美国教材的要求要高；法国和德国教材中度量内容的知识目标水平要求更高。

2) 我们的建议

中国教材可以适当调整教材内容的难度水平，适当增加与现实生活紧密联系的知识以及体现现代数学中的前沿性知识的内容。美国高中数学教材中的部分内容仅相当于中国初中或小学的内容，虽然两国教学侧重有所差异，但中国学生在初等教育阶段所学知识明显多于美国学生。所以，中国教材应该注意根据学生的兴趣、认知特点和数学学科的发展前景，适当删减偏难、偏深、与现实生活联系不大的内容，留给学生更多的时间充分理解、探究和应用"最有用的数学"。

8.2.2　知识呈现方式比较

根据知识呈现方式分析框架，比较不同国家数学教材相同几何内容的知识呈现方式，并以中国、美国和德国为例，呈现三国教材知识呈现方式的比较结果，如表 8-5 所示。

1) 研究结论

对于空间几何内容，在球的表面积与体积公式等知识介绍过程中，中国教材采用单刀直入的方式给出相应公式，例如直接阐明"球的体积只与半径 R 有关，是以 R 为自变量的函数"，并给出球的体积公式；德国教材以携带直径为 1 米的软木球不便这一问题情境，并附以配图引出学习球体积公式的必要性，并结合卡瓦列里原理引领学生经历公式探索的过程；美国教材类比运用表面展开图求棱柱等表面积公式的方法，根据直观感知近似给出公式，并没有严格推导公式的环节。在空间点线面的位置关系内容介绍过程中，中国教材均对相关定理给出严密的证

表8-5　　中、美、德三国教材知识呈现方式的比较结果样例

	美国	中国	德国
知识导入	类比圆周长	无	软木球的不便，以及配图"地球"
知识体验	联系生活情境，将棒球表面剥开得下图，近似得出公式：	无	利用卡瓦列里原理(即祖暅原理)：
严密证明	无	解释：以后可以证明此公式	无
知识表征	语言及符号	函数及符号	语言及符号
知识应用	例1　公式直接运用 例2　求地球表面积	联系圆柱知识运用公式 无	例1　公式直接运用 例2　已知表面积求体积

明，但法国教材结合向量等内容介绍，更利于学生理解和应用知识。对于解析几何内容，中国教材以探究活动让学生体验知识的发生发展过程，注重呈现知识的本质属性，训练学生数学思维，激发学生的问题意识，并设置探究与发现、信息技术应用等模块帮助学生在基本知识的掌握基础上进行知识的深入学习；德国教材更加注重学生学会正确使用图形、符号等数学语言，重视学生在联系不同数学知识的过程中，迁移使用数学知识。在向量内容上，中国教材一般会以物理中力的合成与分解、位移的相关知识为背景，引入向量的相关知识，通过思考、探究栏目引导学生经历知识的产生过程，自主探究，同时会给出相应的即时例题、练习巩固知识，促进理解；新加坡教材侧重综合应用，对知识点的由来和证明要求不高；法国教材没有知识引入，直接呈现内容，并借助例题帮助学生理解，主要以学生自主理解掌握，但教材会给出注意事项。另外，中国教材和新加坡教材的知识呈现对学生一题多解能力培养有所体现，而且中国教材在范例的思路分析上有优势。

　　2) 我们的建议

　　第一，中国教材更倾向使用信息技术展示引入知识，例如双曲线的渐近线内容，在正文内用信息技术直观感知，将代数证明置于课后的探究与发现。中国教材可以适当将一些与大学有关的知识进行处理，并置于正文之中，这并非增加学生负担，而是让学生对知识有更清晰的认识，亦为以后数学的学习做出适当衔接。第二，优化几何内容编排结构，加强学科内部联系。中国的几何课程长期以来一直是以论证为主，法国等国家是以实验、探究获得知识为主，不注重推理过程。两种偏重各有利弊，传统的演绎几何虽有利于训练学生思维的严密性和推理性，但过于封闭，容易增加学生学习的难度，不利于学生学习兴趣的培养，也不利于思维发散。实验、直观几何虽然能够改变传统演绎几何的枯燥性，培养学生的观察、实验、猜想能力，但不利于逻辑思维的发展。中国教材可以适当增加实验观察和活动探索环节，以帮助学生先直观感知几何定理等知识，再辅之以严密证明，达到发现与推理的有效平衡。法国以几何变换和向量作为研究图形的主要手段，统一整个高中阶段的几何内容学习，也是中国教材编排值得借鉴的。第三，中国教材已设计"思考""探索"等栏目对知识进行串联，引发学生进行思考，已经是在探索发展一种创新的教学模式。事实上，教材还可以将部分简单证明交还给学生，对于简单的一题多解可以仅提供思路，或者仅提出疑问，并不需要手把手将每个细节都呈现给学生，适度放手让学生自主研讨，更有利于学生思维的开拓，也有利于学生数学能力的培养。同时，根据数学学科学习的特点，学生自主看书和做题远比听课有效，教材可以将知识点和例题习题配套起来，方便学生举一反三、灵活运用。另外，中国教材可以增加数学体验环节，有些"阅读与思考"里的内容是很有意义的数学体验材料，应该把它摆放在相对正确的位置。

8.2.3　知识背景比较

根据知识背景分析框架，比较不同国家数学教材几何内容的知识背景，并以中国和德国为例，呈现两国教材"椭圆"内容知识背景的比较结果，如图 8-10 所示。

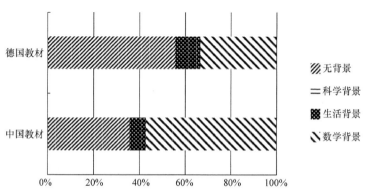

图 8-10　中、德两国教材"椭圆"内容的知识背景的比较数据样例

1) 研究结论

中国教材更加关注数学在现实生活、生产中的应用，并与不同学科相结合，处处展现课标的要求，特别注重让学生了解知识的来源及产生过程，例如对于向量内容的编写，更加注重向量实际背景和几何意义，先从大家所熟悉的物理学中的力学引入，更为直观和形象地提出向量的概念，再将其应用于位置的确定、航行等实际生活问题中，体现数学与科学、生活之间的紧密联系，培养学生的数学应用意识。但是，中国教材未有效体现出"不同数学分支的融合与交叉"，单纯知识点的应用较多，不利于学生利用向量解题的数学思想的形成。法国教材很少体现实际生活背景，注重向量工具性的应用，在章节末尾有信息技术应用内容。在数学与社会文化和风俗等相联系上，各国教材都体现较少。

2) 我们的建议

第一，中国教材虽然具有生活背景的知识较多，但现实素材却相对较少，且同一素材反复出现，较难体现数学的生活价值与文化价值。教材编写应注意现实素材选取的数量与质量，选取更多、更丰富、更贴近于生活的现实素材，体现数学的生活价值与文化价值，供学生选择性阅读。

第二，数学是物理、化学、天文、地理等其他学科学习的基础，随处可见其重要性，例如天体的运动轨迹、微观分子结构等。由此可见，数学是科技发展的储备力量。教材的编写应体现数学这一特性，将数学与其他学科联系起来，增加数学知识在其他学科中的应用，让学生体会学习数学的重要性，解决学生"为什么学数学""学习数学有什么用"之类的疑惑。一来，解决学生学习动机的问题；二来，会运用知识才是真正地学习，数学来源于生活，再将数学应用于生活才是我们学习的真正目的。

第三，现行教科书中，现代信息技术的应用主要涉及几何画板和计算器的使用。对于算法的学习，中国教材对计算器特别是图形计算器的使用并没有做太多的要求，并且只是简短介绍，没有具体说明操作根据和过程。虽然现在也有部分高中学校已经将信息技术的使用带入课堂，但这一点在教科书中的体现不足。因此教材在编写中应从本质上重视信息技术与数学的深度整合，只有这样学生才能通过图形计算器真正地认识到数学的本质。教材作为联系教与学的最重要的一种工具，为了使计算器在全体教师和学生中更进一步地普及，在这方面还可以作一点改进。

主要参考文献

白美玲, 2006. 当代俄罗斯基础教育课程改革研究[D]. 上海: 华东师范大学.

鲍建生, 2000. 几何的教育价值与课程目标体系[J]. 教育研究, (4): 53-58.

鲍建生, 2002. 中英两国初中数学期望课程综合难度的比较[J]. 全球教育展望, 31(9): 48-52.

鲍建生, 周超, 2009. 数学学习的心理基础与过程[M]. 上海: 上海教育出版社.

曹一鸣, 吴立宝, 2015. 初中数学教材难易程度的国际比较研究[J]. 数学教育学报, 24(4): 3-7.

陈昌平, 黄建弘, 邹一心, 2000. 数学教育比较与研究[M]. 修订本. 上海: 华东师范大学出版社.

陈敏, 2012. "三角形的面积"教学再尝试[J]. 小学教学(数学版), (9): 38-40.

陈亚楠, 2015. 中美两国高中数学教材空间几何体内容的比较研究[D]. 杭州: 杭州师范大学.

陈颖, 2014. 三个版本初中数学教材"图形与几何"比较研究[D]. 南京: 南京师范大学.

陈月兰, 2010. 日本 2009 版《高中数学学习指导要领》特点分析[J]. 数学教育学报, 19(2): 85-88.

丁锐, 2016. 中美小学数学教材的比较研究: 以三年级"分数的认识"为例[J]. 数学教育学报, 25(3): 20-28.

杜君毅, 2005. 普通高中几何课程体系实施研究[D]. 北京: 首都师范大学.

范良火, 2012. 义务教育教科书·数学(七年级下册)[M]. 杭州: 浙江教育出版社.

范良火, 2013. 义务教育教科书·数学(八年级上册)[M]. 杭州: 浙江教育出版社.

范良火, 2014. 义务教育教科书·数学(九年级上册)[M]. 杭州: 浙江教育出版社.

高华岳, 2016. 中国、俄罗斯、美国高中数学教材圆锥曲线内容的比较研究[D]. 杭州: 杭州师范大学.

高令乐, 2007. 中美高中数学教材中三角函数内容的比较研究[D]. 上海: 华东师范大学.

高文君, 鲍建生, 2009. 中美教材习题的数学认知水平比较: 以二次方程及函数为例[J]. 数学教育学报, 18(4): 57-60.

候瑛, 2009. 中俄教科书立体几何部分比较研究[D]. 长春: 东北师范大学.

胡典顺, 薛亚乔, 王明巧, 2016. 中国和美国小学数学教材中问题提出的比较研究[J]. 数学教育学报, 25(4): 37-41.

胡李盈, 2016. 中、美初中数学教材三角形内容的比较[D]. 贵阳: 贵州师范大学.

胡莉莉, 2008. 中美初中数学教材难度的比较研究[D]. 上海: 华东师范大学.

贾晓华, 2009. 中美高中数学课程标准比较研究[D]. 兰州: 西北师范大学.

姜美玲, 2008. 教师实践性知识研究[M]. 上海: 华东师范大学出版社.

姜洋, 2008. 高中数学人教版新旧教材立体几何部分(必修 A 版)的比较与思考[D]. 长春: 东北师范大学.

课程教材研究所, 1998. 课程教材研究 15 年[M]. 北京: 人民教育出版社.

李海东, 2017. 对信息技术与数学教材融合的思考[J]. 中小学数字化教学, (1): 10-13.

李海东, 2019. 基于核心素养的"立体几何初步"教材设计与教学思考[J]. 数学教育学报, 28(1): 8-11.

李金富, 丁云洪, 2013. 中美数学教材设计的一项比较研究: 以 "勾股定理及其逆定理" 为例[J].
　　西南师范大学学报(自然科学版), 38(6): 174-178.

李青林, 2009. 中美高中数学课程标准的比较研究[D]. 武汉: 华中师范大学.

李士锜, 2001. PME: 数学教育心理[M]. 上海: 华东师范大学出版社.

李淑文, 2006. 中日两国初中几何课程难度的比较研究[D]. 长春: 东北师范大学.

李淑文, 史宁中, 2012. 中日两国初中几何课程内容的比较研究[J]. 全球教育展望, 41(1): 82-85.

李爽, 王光明, 2017. 认知负荷理论视角下的勾股定理教学课件设计[J]. 数学通报, 56(1):
　　9-13, 16.

梁竹, 2010. 中国、新加坡初中教材平面几何的比较研究[D]. 上海: 华东师范大学.

林丹, 胡典顺, 2015. 中美高中数学教材的习题比较及启示: 以 PEP 教材与 UCSMP 教材中平面
　　向量章节为例[J]. 数学教育学报, 24(3): 63-67.

刘超, 陆书环, 孙风军, 2010. 日本高中数学新课程中数学史料的分析及其启示[J]. 数学教育学
　　报, 19(1): 78-80.

刘少平, 2013. 中美高中数学教材函数内容的比较研究[D]. 长春: 东北师范大学.

刘翌, 杨光伟, 2013. 新课程理念下中日初中数学新教材中 "数学活动" 的比较研究: 以我国人
　　教版与日本东京版初一数学教材为例[J]. 中学数学杂志, (10): 25-29.

娄满想, 2012. 中国、美国和新加坡高中数学教科书中概率统计内容的比较研究[D]. 上海: 华东
　　师范大学.

芦淑坤, 2006. 图形与变换课程内容的教科书呈现研究[D]. 长春: 东北师范大学.

罗寿兰, 2004. 中日高中数学课程比较研究[D]. 桂林: 广西师范大学.

吕世虎, 孙学敏, 2010. 中国与新加坡初中数学教材中概率习题的比较研究[J]. 数学教育学报,
　　19(6): 70-73.

门永秀, 李孝诚, 2015. 中英初中数学教材中 "几何变换" 内容的比较分析[J]. 中国数学教育(初
　　中版), (10): 61-64.

聂必凯, 郑庭曜, 孙伟, 2010. 美国现代数学教育改革[M]. 北京: 人民教育出版社.

全美数学教师理事会, 2004. 美国学校数学教育的原则和标准[M]. 蔡金法, 等译. 北京: 人民教
　　育出版社.

人民教育出版社, 课程教材研究所, 中学数学课程教材研究开发中心, 2007. 普通高中课程标准
　　实验教科书数学必修 2 (A 版)[M]. 北京: 人民教育出版社.

人民教育出版社, 课程教材研究所, 中学数学课程教材研究开发中心, 2007. 普通高中课程标准
　　实验教科书数学必修 4 (A 版)[M]. 北京: 人民教育出版社.

人民教育出版社, 课程教材研究所, 中学数学课程教材研究开发中心, 2007. 普通高中课程标准
　　实验教科书数学选修 2-1 (A 版)[M]. 北京: 人民教育出版社.

人民教育出版社, 课程教材研究所, 中学数学课程教材研究开发中心, 2013. 义务教育教科书·数
　　学(八年级下册)[M]. 北京: 人民教育出版社.

人民教育出版社, 课程教材研究所, 中学数学课程教材研究开发中心, 2014. 义务教育教科书·数
　　学(九年级下册)[M]. 北京: 人民教育出版社.

任芬芳, 2012. 初中数学 "图形与几何" 内容认知水平比较研究[D]. 大连: 辽宁师范大学.

日本文部科学省, 1980. 新数学[M]. 东京: 东京书籍株式会社.

日本文部科学省, 2011a. 新编数学 B[M]. 东京: 日本数研出版株式会社.

日本文部科学省, 2011b. 新编数学 C[M]. 东京: 日本数研出版株式会社.

沈春辉, 2012. 中法高中数学教材中的数学文化比较研究[D]. 上海: 华东师范大学.

沈春辉, 柳笛, 汪晓勤, 2013. 文化视角下"中新美法"四国高中数学教材中"简单几何体"的研究[J]. 数学教育学报, 22(4): 30-33,102.

沈兰, 郑润洲, 2008. 变革的见证: 顾泠沅与青浦教学实验 30 年[M]. 上海: 上海教育出版社.

史宁中, 2007. 《平面几何》改造计划[J]. 数学通报, (6): 1-3,8.

史宁中, 孔凡哲, 严家丽, 等, 2015. 十国高中数学教材的若干比较研究及启示[J]. 外国教育研究, 42(10): 106-116.

斯海霞, 徐斌艳, 2013. 中日两国高一数学教材探究内容比较研究[J]. 数学通报, 52(1): 22-27.

宋运明, 2017. 中国初中数学教材中勾股定理内容编写特点研究[J]. 数学教育学报, 26(3): 44-48.

苏洪雨, 2019. 基于问题设计的数学微探究评价体系构建[J]. 数学教育学报, 28(1): 19-24.

孙爽, 2010. 高中数学人教版新、旧教材立体几何部分的比较研究[D]. 长春: 东北师范大学.

唐恒钧, 张维忠, 2005. 中美初中几何教材"相似"内容的比较[J]. 数学教育学报, (4): 59-62.

王丹, 2011. 中国澳大利亚教育研究 30 年综述[J]. 大众文艺, (8): 201-202.

王芳, 张维忠, 2004. 多元文化下的勾股定理[J]. 数学教育学报, (4): 34-36.

王奋平, 2011. 中英高中数学教材比较研究: 以英国 AQA 考试委员会与北师大版高中数学教材平面向量为例[J]. 数学教育学报, 20(6): 51-55.

王光明, 周九诗, 2014. 英国初中数学教科书的特点: 以《数学链接》为例[J]. 教育理论与实践, 34(5): 39-41.

王海青, 曹广福, 2018. 基于整体理解的"勾股定理"教学再探: 与吴增生老师商榷[J]. 数学教育学报, 27(5): 37-41.

王建磐, 鲍建生, 2014. 高中数学教材中例题的综合难度的国际比较[J]. 全球教育展望, 43(8): 101-110.

吴立宝, 2016. 初中数学教材代数内容的国际比较研究[J]. 数学教育学报, 25(4): 33-36,62.

项武义, 2009. 几何学在文明中所扮演的角色: 纪念陈省身先生的辉煌几何人生[M]. 北京: 高等教育出版社.

谢珺, 2012. 中国、新加坡和日本高中数学教科书复数的比较研究[D]. 上海: 华东师范大学.

徐斌艳, 1998. 英国与德国数学教育探析[J]. 全球教育展望, 27(5): 32-35,41.

徐斌艳, 2002. 德国普通高中课程纲要的特点及其发展[J]. 全球教育展望, 31(10): 11-15.

徐彦辉, 2001. 从中美数学教育比较引发的思考: 浅谈教材和教学的直观性[J]. 太原教育学院学报, (4): 40-42.

严卿, 胡典顺, 2016. 中国和日本初中数学教材中问题提出的比较研究[J]. 数学教育学报, 25(2): 20-25.

叶珂, 胡典顺, 2017. PEP 与 MAC 教材中数学探究的比较: 基于初中"图形与几何"内容[J]. 数学通报, 56(2): 5-10,29.

叶立军, 陈思思, 2015. 中俄高中数学教材比较研究: 以"圆锥曲线与方程"与"椭圆、双曲线和抛物线"对比为例[J]. 中学数学杂志, (1): 16-19.

叶立军, 傅建奇, 2017. 中美初中几何教材比较研究: 以"全等三角形"为例[J]. 中学数学杂志(初中版), (10): 35-41.

叶立军, 王晓楠, 2012. 中美高中数学教材比较研究: 以"几何概型"为例[J]. 数学教育学报, 21(2): 49-52.

袁爱洪, 2007. 基于新课标视角的初中数学"空间与图形"研究[D]. 广州: 广州大学.

曾峥, 杨豫晖, 李学良, 2019. 数学史融入初中课堂的案例研究[J]. 数学教育学报, 28(1): 12-18.

张奠宙, 等, 1991. 数学教育学[M]. 南昌: 江西教育出版社.

张奠宙, 宋乃庆, 2009. 六十年数学教育的重大论争[J]. 小学教学(数学版), 2010, (2): 53-54.

张奠宙, 赵小平, 2007. 教什么永远比怎么教更重要[J]. 数学教学, 2 (10): 50.

张维忠, 2005. 文化传统与数学教育现代化[J]. 教育研究, 26(8): 36-41.

张维忠, 李芳奇, 2009. 新加坡与中国数学教材的特色比较[J]. 外国中小学教育, (2): 32-36.

张维忠, 黄丽虹, 2009. 新加坡"三角形"课程难度的对比分析[J]. 数学教育学报, 18(4): 61-64.

张笑谦, 胡典顺, 2013a. 澳大利亚 VCE 课程与人教版高中数学教材平面向量章节的比较与思考[J]. 数学通报, 52(10): 22-27.

张笑谦, 胡典顺, 2013b. 中澳高中数学教材的比较及启示: 以澳大利亚 VCE 课程与人教版高中数学教材函数与映射章节为例[J]. 数学教育学报, 22(2): 71-75.

张彦蕊, 綦春霞, 2005. 初中平面几何课程内容改革探析[J]. 数学教学, (12): 1-2,41.

章飞, 王永会, 2013. 义务教育教科书·数学(八年级上册)[M]. 北京: 北京师范大学出版社.

周慧, 2012. 中国、美国、日本和新加坡高中数学教材中矩阵内容的比较研究[D]. 上海: 华东师范大学.

周晓旭, 2013. 中国、德国、美国高中数学教材幂指对函数的比较研究[D]. 上海: 华东师范大学.

朱行建, 2010. SOLO 评价: 一种试题难度预估的新方法[J]. 教学与管理, (25): 76-77.

朱少卿, 胡典顺, 林丹, 2014. 中美两套教材中三角函数的比较研究[J]. 数学通报, 53(10): 46-50,55.

朱先东, 2002. 特殊三角形[J]. 数学教学通讯, (S8): 87-90.

朱雪芳, 叶立军, 2014. 中国和澳大利亚高中数学微积分教材比较研究[J]. 数学教育学报, 23(2): 25-27.

BOYD C J, et al.,2007. Geometry, student edition(merrill geometry)[M]. New York: McGraw-Hill Education.

CIRRITO F, et al.,2004. Mathematics higher level core [M]. 3rd ed. Melbourne: IBID Press.

FAN L H,2007. New express mathematics 3 [M]. Singapore: EPB Pan Pacific.

HOLLIDAY B, et al.,2007. California Algebra 1: concepts, skills, and problem solving [M]. New York: McGraw-Hill Education.

HOWSON A G, 1995. Mathematics textbooks: a comparative study of grade 8 texts[M]. Vancouver: Pacific Educational Press.

JACOB N, et al., 2005. Maths[M]. Paris: Belin.

LI Y, 2000. A comparison of problems that follow selected content presentations in American and Chinese mathematics textbooks[J]. Journal for research in mathematics education, (31): 234-241.

MAYER R E, SIMS V, TAJIKA H, 1995. Brief note: a comparison of how textbooks teach mathematical problem solving in Japan and the United States [J]. American educational research journal, 32(32): 443-460.

MORRISON K, HAMSHAW N, 2012. Mathematics core and extended coursebook[M].Cambridge:

Cambridge University Press.

MOUTSIOS-RENTZOS A, SPYROU P, PETEINARA A, 2014. The objectification of the right-angled triangle in the teaching of the Pythagorean Theorem: an empirical investigation[J]. Educational studies in mathematics, 85(1): 29-51.

Prentice-Hall Staff, et al., 2005. Algebra 2(student edition)[M]. Upper Saddle River: Prentice Hall.

Prentice-Hall, et al., 2008. Geometry (student edition)[M]. Upper Saddle River: Prentice Hall.

SOON S, 2007. H2 mathematics volume 1(for A level)[M].Singapore: EPB Pan Pacific.

VON AUGUST SCHMID, WEIDIG I, 2008. Lambacher schweizer mathematik für gymnasien 10-12[M]. Stuttgart, Leipzig: Ernst Klett Verlag.

Атанасян Л С, et al.,2013. Геометрия: 10-11классы [M]. Г. Москва: Просвещение издательство.